中华精神家园

历史长河

养殖史话

古代畜牧与古代渔业

肖东发 主编　张学文 编著

中国出版集团

现代出版社

图书在版编目（CIP）数据

养殖史话 / 张学文编著. — 北京：现代出版社，
2014. 11（2021. 3重印）
（中华精神家园书系）
ISBN 978-7-5143-3088-5

Ⅰ. ①养… Ⅱ. ①张… Ⅲ. ①养殖业－经济史－中国
－古代 Ⅳ. ①F326.39

中国版本图书馆CIP数据核字(2014)第244573号

养殖史话：古代畜牧与古代渔业

主　　编：肖东发
作　　者：张学文
责任编辑：王敬一
出版发行：现代出版社
通信地址：北京市定安门外安华里504号
邮政编码：100011
电　　话：010-64267325 64245264（传真）
网　　址：www.1980xd.com
电子邮箱：xiandai@cnpitc.com.cn
印　　刷：汇昌印刷（天津）有限公司
开　　本：710mm×1000mm　1/16
印　　张：9.75
版　　次：2015年4月第1版　2021年3月第4次印刷
书　　号：ISBN 978-7-5143-3088-5
定　　价：29.80元

党的十八大报告指出："文化是民族的血脉，是人民的精神家园。全面建成小康社会，实现中华民族伟大复兴，必须推动社会主义文化大发展大繁荣，兴起社会主义文化建设新高潮，提高国家文化软实力，发挥文化引领风尚、教育人民、服务社会、推动发展的作用。"

我国经过改革开放的历程，推进了民族振兴、国家富强、人民幸福的中国梦，推进了伟大复兴的历史进程。文化是立国之根，实现中国梦也是我国文化实现伟大复兴的过程，并最终体现为文化的发展繁荣。习近平指出，博大精深的中国优秀传统文化是我们在世界文化激荡中站稳脚跟的根基。中华文化源远流长，积淀着中华民族最深层的精神追求，代表着中华民族独特的精神标识，为中华民族生生不息、发展壮大提供了丰厚滋养。我们要认识中华文化的独特创造、价值理念、鲜明特色，增强文化自信和价值自信。

如今，我们正处在改革开放攻坚和经济发展的转型时期，面对世界各国形形色色的文化现象，面对各种眼花缭乱的现代传媒，我们要坚持文化自信，古为今用、洋为中用、推陈出新，有鉴别地加以对待，有扬弃地予以继承，传承和升华中华优秀传统文化，发展中国特色社会主义文化，增强国家文化软实力。

浩浩历史长河，熊熊文明薪火，中华文化源远流长，滚滚黄河、滔滔长江，是最直接的源头，这两大文化浪涛经过千百年冲刷洗礼和不断交流、融合以及沉淀，最终形成了求同存异、兼收并蓄的辉煌灿烂的中华文明，也是世界上唯一绵延不绝而从没中断的古老文化，并始终充满了生机与活力。

中华文化曾是东方文化摇篮，也是推动世界文明不断前行的动力之一。早在500年前，中华文化的四大发明催生了欧洲文艺复兴运动和地理大发现。中国四大发明先后传到西方，对于促进西方工业社会的形成和发展，曾起到了重要作用。

中华文化的力量，已经深深熔铸到我们的生命力、创造力和凝聚力中，是我们民族的基因。中华民族的精神，也已深深植根于绵延数千年的优秀文化传统之中，是我们的精神家园。

总之，中华文化博大精深，是中国各族人民五千年来创造、传承下来的物质文明和精神文明的总和，其内容包罗万象，浩若星汉，具有很强的文化纵深，蕴含丰富宝藏。我们要实现中华文化伟大复兴，首先要站在传统文化前沿，薪火相传，一脉相承，弘扬和发展五千年来优秀的、光明的、先进的、科学的、文明的和自豪的文化现象，融合古今中外一切文化精华，构建具有中国特色的现代民族文化，向世界和未来展示中华民族的文化力量、文化价值、文化形态与文化风采。

为此，在有关专家指导下，我们收集整理了大量古今资料和最新研究成果，特别编撰了本套大型书系。主要包括独具特色的语言文字、浩如烟海的文化典籍、名扬世界的科技工艺、异彩纷呈的文学艺术、充满智慧的中国哲学、完备而深刻的伦理道德、古风古韵的建筑遗产、深具内涵的自然名胜、悠久传承的历史文明，还有各具特色又相互交融的地域文化和民族文化等，充分显示了中华民族的厚重文化底蕴和强大民族凝聚力，具有极强的系统性、广博性和规模性。

本套书系的特点是全景展现，纵横捭阖，内容采取讲故事的方式进行叙述，语言通俗，明白晓畅，图文并茂，形象直观，古风古韵，格调高雅，具有很强的可读性、欣赏性、知识性和延伸性，能够让广大读者全面接触和感受中国文化的丰富内涵，增强中华儿女民族自尊心和文化自豪感，并能很好继承和弘扬中国文化，创造未来中国特色的先进民族文化。

2014年4月18日

驯养之路——古代畜牧

六畜兴旺——古代兽医

捕鱼为业——古代渔业

我国的畜牧业，始于旧石器时期原始人类的狩猎，后经人们对所捕野兽的驯化，到先秦时期已出现了饲养家畜的牧场。从这时起，畜牧业作为一个新的行业步入历史舞台。

在我国畜牧业长期发展的过程中，古人在实践的基础上，选育出马、牛、羊、猪等大型家畜及鸡、鸭、鹅等小型家禽。

与此同时，古人还积累了饲养这些动物的丰富的选种、饲养和管理技术，而这一套完整的家畜家禽驯化饲养技术，成为了中华文明的重要组成部分。

驯养之路

古代畜牧

远古时期畜牧业的产生

畜牧业的起源是人类历史上的一件大事，它是人类社会发展到一定阶段的必然产物。考古发现，自旧石器时期的元谋人开始，包括以后的蓝田人和北京人，他们已经发明了用于狩猎的工具，这便为畜牧业的起源打下了基础。

家畜的驯化和饲养始于1万年前。畜牧业的起源是有其内在原因的，而旧石器时期的华夏大地，就具备了产生畜牧驯养的内在原因和外在条件。

■原始游牧部落

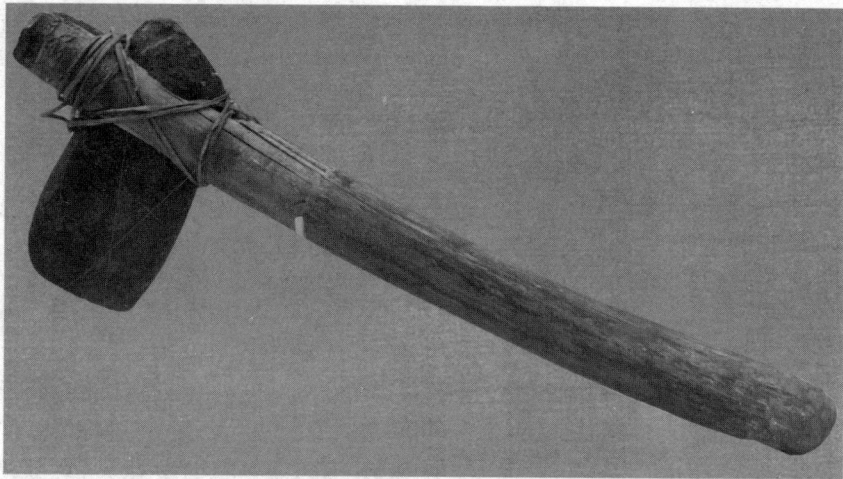

根据某一事物的产生应有内因和外因同时作用的
一般规律，可以将畜牧业产生的原因，分为内因和外
因两个方面。内因又分为来自人类方面的内因和来自
动物方面的内因。

来自人类方面的内因在于人类狩猎能力和手段的
增强，是驯化动物的重要条件。在旧石器时期，人们
的狩猎能力已经大幅度地提高了，并具备了捕获大多
数食草和杂食野生动物的能力。

在距今两三万年前的高级类人猿生活时期，由于
气候等方面的原因，高级类人猿不得不从森林走向平
地，他们学会了制造工具，劳动，逐渐直立行走，成
为今天的人类的祖先。当时的人类，由于生活的需
要，便努力获得更为有效的求生本能。

在陕西蓝田，发现了生活在距今近百万年前的蓝
田人，已经能够制造石器，不过其石器非常简陋，有
砍砸器、刮削器、大尖状器、手斧和石球等。

这些工具中就有被用于狩猎的，鸟类、蛙类、蜥

旧石器时期 人
类以石器为主要
劳动工具的早期
泛称旧石器时
期。从距今260万
年延续至1万多年
以前。其时期的
划分一般采用三
分法，即旧石器
时期早期、中期
和晚期，大体上
分别相当于人类
体质进化的能人
和直立人阶段、
早期智人阶段、
晚期智人阶段。
旧石器时期的文
化在世界范围内
分布广泛。

■驯狗的原始人泥塑

北京猿人 正式名称为"中国猿人北京种",在科学上常称之为"北京直立人"。北京猿人遗址发现地,位于北京市西南房山区周口店龙骨山。北京猿人大约在70万年前来到周口店,在这里生活了近50万年。到20万年前,北京猿人才离此而去。

蝎、老鼠常常成为人类的食物,鹿、野猪、羚羊和野马等,也不时成为狩猎的对象。

到了距今60万年前山西芮城匼河遗址,除发现了砍砸器、刮削器、三棱大尖状器外,还有小尖状器和石球等。

在我国西南部的贵州,旧石器时期的早期遗址有黔西的观音洞,在出土的3000多件的石制品中,多数为刮削器,也有少量的砍砸器和尖状器,该遗址的早期较北京人时代为早。

到了距今天更近一些的周口店北京猿人时期,主要生活在洞穴之中,出土的工具有砍砸器、各式刮削器、小尖状器和石锤、石钻等,猎取大型野兽是北京猿人的经常性活动。

在其遗址中有李氏野猪、北京斑鹿、肿骨鹿、德氏水牛、梅氏犀、三门马、狼、棕熊、黑熊、我国鬣狗等，当时北京猿人狩猎的工具主要是木矛，它是由木棒加工而成的。

在北京猿人居住的岩洞中，上部、中部和下部的地层中，均发现了用火的遗迹，说明北京猿人已学会使用火了。

火的发明是人类历史上的一大进步，意义重大。它不仅为人类的定居创造了条件，使狩猎的进一步发展成为可能，还借助火取暖，开拓生存空间，使人类可以进入较为寒冷地区生活。此外，用火烹制熟食，对人类的智力发育也有积极作用。

到了旧石器时期的中期和晚期，人类狩猎技术又有了较大的进步，其主要表现是石球的使用和弓箭的发明。

石球最早见于陕西蓝田人遗址中，学者都倾向于其是被用于狩猎活动的。随后的许家窑文化遗址、陕西梁山旧石器时期遗址、山西的丁村遗址中，都发现了大批量的石球。据研究，早期的狩猎民在使用石球时，常常直接用石球砸向动物。

弓箭的发明代表着人类狩猎能力的大大提高，陕西的沙苑遗址、东北的扎赉诺尔遗址、山西的峙峪遗址都分别出土了石箭头，其中峙

■原始人日常生活泥塑

生物圈 是指地球上凡是出现并感受到生命活动影响的地区。它是地表有机体包括微生物及其自下而上环境的总称，是行星地球特有的圈层，也是人类诞生和生存的空间。生物圈是地球上最大的生态系统，也是最大的生命系统。

峪遗址出土的石箭头被核定为距今2.8万年前。弓箭的发明和利用，可以远距离地猎获动物。

石球和弓箭的发明和运用，均可以远距离地对动物实施攻击，说明当时的人类已具备有效远距离猎狩大型野生动物的能力。

既然人类能猎获较大型凶猛的动物，当然就有能力捕获一些性情比较温顺的动物或者年幼的个体，如食草动物马、牛、羊、驴，杂食动物猪和狗等等。

随着狩猎能力的逐渐提高，猎到的野兽有时一时吃不完，就拘系着它们，以待没有食物时再食用。通过拘系的办法进行贮藏，人类便在与大自然的生存斗争中迈开了一大步，大大加强了人类对动物特征和特性的了解。

远古畜牧业的产生，除了来自人类自身的原因外，还有来自动物方面的内因。主要表现是野生动物作为地球生物圈中的一员，客观地具备了与人类友好

■ 原始人狩猎工具石耜

■原始人狩猎场景

相处的条件。

在极其遥远的旧石器时期，人类想要把生活在大自然中的野生动物驯化成为我所用的家畜，就必须借助于动物的天性。假如野兽坚决不予合作，或其兽性难以改变，人类也没有什么办法。

能够成为家畜和家禽的动物，必须具备能被人类控制的习性。至于老虎和豹等肉食动物，人类一直试图驯化它，直到今天仍未获成功。这类动物的天性难以改变，捕获以后，只能关在铁笼中，人类不可能安全地与其直接接触。

而有些动物通过人类稍微地实施驯化，就可能会变成家畜，如野猪、野马和野羊等。这也是早期相互隔绝的不同地区，均不约而同地驯化了相同的野生动物的主要原因。

动物被人类驯化的另一个原因，是因为动物与人类有着非常密切的生态关系。在一定的生态条件下，地球上的各种生物之间有一条食物生态链连接着。

食物生态链是指生物群落中各种动物和植物由于食物的关系所形

食物链 是各种生物通过一系列吃与被吃关系，把这种生物与那种生物紧密地联系起来，这种生物之间以食物营养关系彼此联系起来的序列，在生态学上被称为食物链。按照生物与生物之间的关系可将食物链分为捕食食物链、腐食食物链即碎食食物链，还有寄生食物链。

成的一种联系。在生物群体中，许多类似的食物链彼此交错构成关系复杂的食物网络，人类也被纳入这种食物网络中，由此与各种动物结下不解之缘。

现在人类饲养的家畜和家禽，都与人类的食物链有着一定的关系。比如，人遗弃的食物为猪、狗、鸡等家畜所喜食，而猪、狗、鸡的产品肉蛋等为人类所喜食。

这种因各自的偏好而构成的食物链关系，导致人类和动物相互追逐对方的足迹，始终保持着若即若离的状态，为人类日后驯化动物提供了便利。

在人类和动物的漫长的交往过程中，当人类需要与动物建立良好关系的时候，往往也是人类需要动物的时候。人类给动物以额外的保护，成为其供食者和保护者。

经过长期的人与动物的友好交往过程，动物便习

■ 原始人牧耕场景

惯了人类所提供的相对舒适、现成的生活环境，而淡忘野外那种相对恶劣的生活环境，久而久之，人与动物的这种新型关系便建立起来了。

一方面，人是动物的保护者和部分食物的提供者；另一方面，动物是人类的活的食物库，它们随时都有可能被宰杀而作为食物，相互之间的依赖显得缺一不可，动物进入人类生活世界之中便是必然的事情了。

到了新石器时期，我国传统的"六畜"猪、狗、牛、羊、鸡、马已基木齐备。当时的家畜的体质形态基本与现代家畜相同。

阅读链接

据说，一次，神农氏和大家一起围猎，来到一片林地。林地里，凶猛的野猪正在拱土，长长的嘴巴伸进泥土，一撅一撅地把土拱起。一路拱过，留下一片被翻过的松土。

野猪拱土的情形给神农氏留下了深刻印象，他反复琢磨，先将打猎用的尖木棒插在地上，再用脚踩在横木上用力让木尖插入泥土，然后将木柄往后扳，尖木随之将土块撬起。这样连续的操作，便耕翻出一片松软的土地。

人们从动物的身上得到了许多的启发，使得在以后的岁月里人与动物的关系越来越和谐。

先秦畜牧业发展新阶段

在原始社会时期，随着社会生产力的提高，洞养圈养的野兽也越来越多。随着岁月的流逝，部分野兽的性情开始渐渐温顺起来，进而驯化为家畜，这样就开始了初期的畜牧业。

随着时间的推移，到了先秦时期，我国已经出现了较大规模的畜牧场所，畜牧工具与畜牧技术也有了很大发展。为了养好家畜，当时在管理畜群、修棚盖圈、减少家畜伤亡等方面也有不少创造。

■先秦牧马俑

■ 古代陶制马车

我国古代畜牧业的发展，到奴隶社会开始的夏代，农业、畜牧业和手工业的分工开始明显，而以农业为主的定居生活，促进了畜牧业的发展。此时，我国畜牧业和家畜利用进入一个新的发展阶段。

夏代，由于青铜工具的使用，使农牧业有很大的发展，专职人员的放牧，饲养中圈养的发展，饲草的制备贮存，使畜群不断增长。

商代的畜牧业也继续发展，"六畜"已普遍饲养。在殷墟甲骨文中，有刍、牧、牢、厩、庠等反映畜养方式的文字，有反映马、猪去势的文字，也有一次祭祀用牛300头、马300匹以至千牛的卜辞。

这些文字形象地反映了殷商时期畜牧业的发展状况。这一时期黄河流域有野象，有研究表明，商代人曾经驯象。

夏商时期，定期配种和淘劣选优的配种制度使畜

甲骨文 又称"契文""甲骨卜辞"或"龟甲兽骨文"，主要是指我国商朝晚期王室用于占卜记事而在龟甲或兽骨上刻的文字。甲骨文是我国已知最早的成体系的文字形式，它上承原始刻绘符号，下启青铜铭文，是汉字发展的关键形态。现代汉字即由甲骨文演变而来。

■ 夏商骑士俑

《夏小正》是我国现存最早的科学文献之一，也是我国现存最早的一部汉族农事历书。记载一年12个月中每月的物候、气象、星象和有关重大政事。书中反映了当时农业生产的内容包括谷物、纤维植物、染料、园艺作物的种植、蚕桑、畜牧和采集、渔猎。

群的品质不断提高。在我国现存最早的一部汉族农事历书《夏小正》中，已有关于牲畜的配种、草场分配和公畜去势的记载。去势就是阉割，用于养殖业中以提高存活率和质量。

经过不断的选育和改良，家畜的繁育技术日臻完善和进步，在此基础上育成了无数的家畜家禽品种。其中不仅有伴随我国历史上伟人拼杀疆场的名驹名马，还有无数造福芸芸众生的珍禽良畜。

西周的畜牧业也很发达，约成书于战国时期的《穆天子传》中，记述周穆王到西北地区游历，沿途部落贡献的肉食——动物马、牛、羊，动辄以千百计，反映了当地畜牧业的发达。

《诗经》中也反映了西周畜牧业的情况。《诗经·君子于役》中说："鸡栖于埘日之夕矣，羊牛下来。"意思是说，黄昏时分，鸡已经回到窝里栖息了，日头垂挂天西，羊牛已经走下山坡归栏了。反映了农村中饲养畜禽的普遍。

《诗经·无羊》中说："谁谓尔无羊？三百维群。"意思是说，谁说你没有羊呢？你的羊，一群就有300多头。反映了贵族畜群的庞大。

当时地广人稀，原野不能尽辟，农田一般分布在都邑的近郊，郊外则辟为牧场。据《诗经·尔雅·释地》中记载：

　　邑外谓之郊，郊外谓之牧，牧外谓之野。

意思是说，在城市或城镇的周围叫郊区，那里是人们耕种的地方；郊区的外围叫牧，是放牧的地方；牧区的外围叫野，是野兽出没的地方。由此可见，当时确实已经划出了放牧牛羊和马的各类牧场。

《周礼》中也记载了西周管理畜牧生产的专门机构，在一定程度上反映了西周畜牧业的发展。以养马为主的官营畜牧业也在《周礼》中有集中的反映。

《周礼》中记载了一整套的朝廷设置的畜牧业职官和有关制度。

■《周礼》中的插图

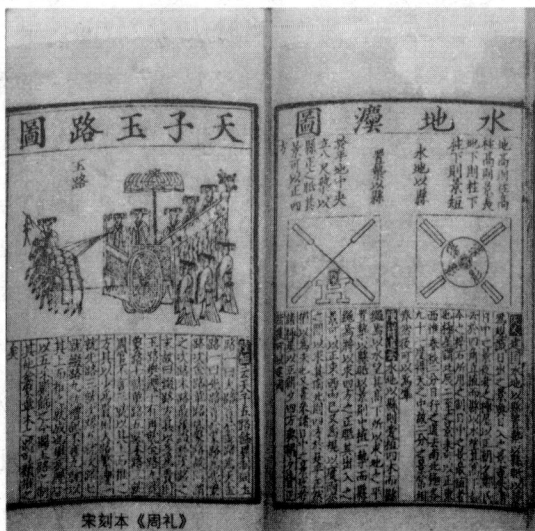

宋刻本《周礼》

■ 战国时期的马车

养殖史话

古代畜牧与古代渔业

九卿 西周始设，天官冢宰、地官司徒、春官宗伯、夏官司马、秋官司寇、冬官司空以及少师、少傅、少保，合为"九卿"。秦汉时期的中央朝廷9个主要的官职，通常也以此来表示整个朝廷。从魏晋起，九卿职任渐轻，位置很高但没有实际职务。

"牧人""校人""牧师""圉师""趣马""巫马"等，分别负责马的放牧、繁育、饲养、调教、乘御、保健等。如此细致而明确的专业分工，表明在当时的畜牧业已经发展到相当高的水平了。

当时从事放牧的奴隶称为"圉人""牛牧"，奴隶头目称为"牧正"，有的牧正后来成了奴隶主的仆从，到封建社会时代还有升到九卿爵位的。

根据《礼记》的记载，夏商周三代对驾车用的军马和祭祀的牺牲已讲究毛色的选择。为了养好家畜，当时在管理畜群、修棚盖圈、减少家畜伤亡等方面，确实有不少创造。

春秋战国时期的畜牧业相当发达，牛马主要作为农耕和交通的动力，家畜已成为民间重要的食物来源。如管仲在《孟子》中就说过：

五母鸡，二母彘，无失其时，老者足以
无失肉矣。

意思是说，养5只母鸡，两头母猪，不耽误喂养
时机，老人就可以吃上肉了。

越国的范蠡曾对鲁国商人猗顿说："子欲速富，
当畜五牸。"意思是说，要想富裕，就要经营雌性
牛、马、猪、羊、驴。说明畜养母马、母牛、母羊、
母猪和母驴，已成为当时致富快捷方式。

这一时期，华夏大地已经形成了农区、牧区和半
农半牧区。西北和塞北是牧区，以食草动物马、牛、
羊为主；中原为农区，养畜业也受重视。家畜成为了
社会财富的代表。《管子》一书中还把畜牧生产发达
与否作为一个判断国家贫富的标志。

总之，先秦时期的畜牧业已经有了飞速的发展，
畜牧业在生产中已占有重要的地位，较远古时期大为
进步和提高。

范蠡 （前536
年—前448年），
字少伯，又叫范
少伯、陶朱公、
鸱夷子皮。生于
春秋时期的宛
地，即今河南省
南阳市。春秋末
著名的政治家和
实业家。他不仅
帮助勾践灭吴，
还经商成为了巨
富。他忠以为
国，商以致富，
而成名天下。

牺牲 古指祭祀或
祭拜用品。色纯
者为"牺"，体
全者为"牲"。
供祭祀用纯色全
体牲畜；供盟誓、
宴享用的牲畜。
"牺牲"一词，
后来被引申为为
了正义目的而舍
弃自己生命，即
坚持信仰而不惜
献出生命。

阅读链接

猗顿原是鲁国一个穷困潦倒的年轻人，他听说越王勾践
的谋臣范蠡在十几年间就获金巨万，成为大富，自号"陶朱
公"。猗顿羡慕不已，试着前去请教。

范蠡十分同情他，便告诉他饲养雌性牲畜，以便繁衍，日
久遂可致富。

猗顿按照范蠡的指示，迁徙西河，开始畜牧雌性牛羊。当时
这一带土壤湿润，草原广阔，水草丰美，是畜牧的理想场所。

由于猗顿辛勤经营，畜牧规模日渐扩大，10年之间，能以
畜牧而富敌王公。并以此起家，成为了日后的大商人。

秦汉畜牧业的迅速发展

秦汉时期的畜牧业，在当时的社会经济中占有重要的地位。畜牧生产的经营管理体制渐趋完备，畜牧生产在国民经济中的地位日益提高，这充分体现了畜牧生产的重要性。

这一时期的畜牧业得到了迅速发展，牧场及群牧规模大大增加，畜牧业经营组织具有该时代特色。

同时，中央还制定了有关牲畜饲养、管理和使用的法律《厩律》，这是我国畜牧业发展历史上的一个巨大进步。

■ 汉代的陶狗

■秦朝的马车

秦汉时期，由于社会经济、政治等诸方面的因素的积极影响，畜牧业得以迅速发展。

秦汉畜牧业之所以发展迅速，首先是因为，大力发展畜牧业是农业生产发展的客观需要。秦汉时期牛耕进一步推广以后，牛成为农业生产中必不可少的生产资料。由于当时农业生产的需要，发展畜牧业势在必行，以提供更多的耕牛。

其次，发展畜牧业又同巩固边防密切相关。秦汉时期，北方及西方游牧民族侵扰严重，为保卫边郡地区的社会生产和国家的安定统一，需要强大的骑兵，这就成为官营养马业发展的重要因素。

再次，为了保证畜牧业的发展，秦汉王朝制定了一系列方针、政策和具体措施，畜政管理，发展官营畜牧业，鼓励和扶植私人畜牧业生产，积极实行保护牲畜的措施等。上述各项政策和措施，在秦汉畜牧业

游牧民族 以游牧为主要生活方式的民族。在干旱半干旱地区，在相对固定的社会边界内迁徙生活的游牧族群，数千年来以游动的生产生活方式适应了严酷的气候和环境，发展出了人类的游牧文明。游牧文明比农耕文明更接近原始的采集狩猎文明。游牧文明在中国古代历史上占据着非常重要的地位。

■汉代的青铜牧牛器

养殖史话

古代畜牧与古代渔业

司马迁（前145年或前135—前86年），字子长，左冯翊夏阳（今陕西韩城）人，一说是山西河津人。西汉史学家。司马迁是我国古代著名的史学家和文学家。他撰写的《史记》被公认为是我国史书的典范，因此被后世尊称为"史迁""太史公"。

生产的发展中，都起过积极的作用。

更为重要的是，秦汉时期统一的多民族国家的建立和巩固，为秦汉畜牧业的发展提供了可靠保证。统一国家建立以后，社会环境较安定，边郡畜牧业资源得以集中开发与合理利用。

在统一的环境下与少数民族的交往，使一些新畜种、新饲料品种及某些先进的畜牧业生产技术传入中原，这些作用都不可忽视。

秦汉时期的畜牧业发展很迅速，其表现首先是生产地区十分广泛。秦汉王朝十分重视对西部、北部边郡地区的开发利用，广建官营牧场。

西汉初年，朝廷有6个大马苑，养马30万匹，阡陌之间马匹成群。当时也有许多著名的大牧主依靠官营牧场发展畜牧业。

边疆地区畜牧业尤为发达。据西汉史学家司马迁《史记》记载，秦国的乌氏所养牛马之多，要用山谷来计数，秦始皇因此奖他为封君。秦时凡是牧马超过200匹，养牛、羊或猪多达1000的畜牧大户，可以享受千户侯待遇。可见，秦汉时期的牧场是非常发达的。

秦时已建立太仆寺掌管国马，在西北边郡还设立官营牧场牧师苑，养马几十万匹。

我国古代的经济区划大致可分为牧业区、农业区和半农半牧区。半农半牧区主要分布在西北边疆一带，具有发展畜牧业和农业的良好条件。

秦汉王朝对该地区的发展极为重视。其畜牧业的发展在秦汉时期占有极重要的地位，这一地区的存在是当时畜牧业发达的重要基础和标志。

内地虽不宜发展大规模群牧式畜牧业，但官民都普遍采用了厩舍饲养和小群牧养的方式，牲畜的总头数也很可观。

这一时期对不同牲畜的经济作用也有了足够的认识，重视马、牛在军事、农耕、交通方面的作用，因此，养马业、养牛业的发展很突出。

新畜种也不断引进，如原产于匈奴地区的骡、驴在东汉已为常见之役畜。作为肉畜的鸡、猪，生产地区广泛，但由于每个生产单位的规模很小，能提供肉畜的数量有限。乳畜在中原地区亦有了一定

太仆寺 是我国古代的官名，始于春秋。秦、汉沿袭，为九卿之一。掌皇帝的舆马和马政。王莽一度更名为太御，南北朝不常置。北齐始称太仆寺卿，历代沿置不革。清废。其最高长官为太仆寺卿，属官有太仆寺少卿2人、太仆寺丞4人、太仆寺员外郎、太仆寺主事、太仆寺主簿等。

■秦代的牛车

程度的发展。

为了丰富家畜种类和改良家畜质量，汉代已注意到从西域引入驴、骡、骆驼以及马、牛、羊良种。汉武帝派张骞联络大月氏，获悉西域产良马，并带回西域苜蓿种子在长安地区试种。后来汉武帝派李广利带兵前去大苑，带回公马和母马一共3000匹。

这一时期在畜牧业生产技术方面有了新的发展，主要表现在家畜优良品种的培育、饲养管理技术的进步、兽医及相畜术的先进等方面。

秦汉时期畜牧业的经营组织，包括边郡大牧主经营，豪强地主的田庄经营，一般农家经营，官府经营等不同类型。大牧主经营主要集中在边郡。生产规模较大，生产的专业性较强，产品的商品率高。

豪强地主经营的畜牧业是田庄经济的组成部分，具有明显的自给自足特征。随着封建土地所有制的发展，豪强地主经营的畜牧业发展迅速。

一般农家经营的畜牧业，大牲畜较少，其目的主要是作为一种家庭副业，为种植业的收入略作补充。

汉代有个养殖能手卜式，以养羊致富。汉武帝时

汉武帝（前156年—前87年），刘彻，幼名刘彘。汉景帝刘启的第十个儿子。汉朝第五代皇帝，谥号"孝武皇帝"，庙号世宗。我国历史上著名的政治家、战略家。他凭借雄才大略、文治武功，使汉朝成为当时世界上最强大的国家，赢得了一个国家前所未有的尊严。

■张骞去西域壁画

鼓励农民养马，曾任用善于养羊的卜式发展养羊业。

■古砖上的竹林狩猎图

另外还有马氏兄弟5人，都是养猪能手，梁鸿、孙期等曾在渤海郡养猪，以及祝鸡翁的养鸡，都是当时有名的畜牧事例。

官府经营牧场也很多。秦汉之间连年战争，畜牧业遭到破坏，役畜损失很多。西汉初期采取休养生息的方针。在发展养马方面，官府充实马政机构，大办军马场。

秦汉时期，朝廷对畜牧业加强了管理，制定了相关的管理办法。其中影响最大的是制定了《厩律》，它是我国古代有关牲畜饲养的法律。

在古代，牲畜既是重要的生产资料，又是重要的战争工具和祭祀用品，朝廷对牲畜的饲养、管理和使用非常重视。

类似法规在先秦时期就已经出现了。在陕西岐山县出土的西周青铜器铭文中就有"牧牛"一职，说明

张骞（约前164年—前114年），字子文，汉中郡城固（今陕西城固）人。汉代卓越的探险家、旅行家与外交家，对丝绸之路的开拓有重大的贡献。后世诗人站在中西古道上，不禁想起这位"凿空"西域，远播国威，造福后世的名臣。

■古砖上的汉代贸
易画

《周礼》有关西周已设职掌管厩牧的记载是可信的。

秦朝廷制定畜牧法规《厩苑律》及其他有关条款规定。秦朝廷分管厩牧事务的是内史、太仆和太仓等官。在地方由县令、丞以及都官管理,令、丞和都官以下,有田啬夫、厩啬夫、皂啬夫、佐、史、牛长、田典、皂和徒等负责畜牧方面的具体工作。

关于牛马的饲养,秦代有定期检查评比制度,每年正月举行考核,成绩优秀者奖励,不按时参加评比或在评比中列为下等的,饲养者和管理者要受惩罚。

秦代条律还规定,官有的牛马死亡,应及时呈报所在的县府,由所在县检验后将死牛马上缴。如不及时上缴,致使牛马腐烂,应按未腐烂时的价格赔偿。如果是朝廷厩马或驾用牛马,应将其筋、皮、角和肉的价钱呈缴,所卖的钱少于规定数目,驾用牛马者应予补足。

朝廷每年对各县、各都官的官有驾车用的牛检查一次，凡有10头以上牛且一年死三分之一，不满10头牛一年死3头以上，主管的吏和饲牛的徒以及所属县的令、丞都有罪。

此外，秦律还规定马匹调习不善，军马评比列为下等的，要惩罚县司马及令、丞。秦代的《法律答问》中还有一些惩罚偷盗马、牛、猪、羊的规定，对牲畜所有权进一步进行了保护性规定。

汉代也有《厩律》，西汉丞相萧何制定的《九章律》，将秦代《厩律》列为其中一篇。《九章律》已经失传，但从《汉书·刑法志》中关于《九章律》的记载来看，可知汉代《厩律》的内容与秦《厩律》相差不多。

西汉时，牛耕在黄河流域已较普遍。东汉时，农牧结合经营区逐渐向江南推广，并且更加重视饲养和

■ 东汉的青铜马车

■汉代的红陶猪圈

保护耕牛，将秦律"杀牛者枷"改为"杀牛者弃市"。同时，汉史中已有了牛疫的记载。

汉武帝为适应对匈奴用兵的需要，鼓励马匹繁殖，还制定了《马复令》，规定民养马可以减免徭役和赋税。此外，汉律以重刑惩治盗窃牛马的犯罪，规定"盗马者死，盗牛者枷"，知情不举发也要受惩治。

汉代不少地方官员劝说所属百姓饲养家畜，增加生产。当时养猪、养羊、养鸡很普遍，既可以解决肉食和肥料，又增加了经济收入。

阅读链接

自汉代以来，西域汗血马的神话一直在流传着。传说它前脖流出的汗呈血色，史载"日行千里"，又名"大宛马""天马"。

为了得到汗血马，汉武帝曾派百余人的使团，带着用黄金做的马模型前去大宛国，希望以重礼换回大宛马。大宛国王爱马心更切，不肯以大宛马换汉朝的金马。汉武帝又命贰师将军李广利和两名相马专家前去大宛国。

汉军在大宛国选良马数十匹，中等以下公母马3000匹。经过长途跋涉，到达玉门关时仅余汗血马近2000匹。

魏晋南北朝畜牧业成就

魏晋南北朝时期，游牧民族大量内迁，使中原地区的畜牧业有了很大发展。在广阔的内地牧场，马、牛、羊不计其数，畜牧业的发展达到了一个历史高峰。

这一时期，北魏农学家贾思勰所著的《齐民要术》对家畜、家禽的选种，繁育饲养方法、管理细则、疫病防治、畜产品加工，都有较详细的论述。对后世的畜牧生产也有很大影响。

魏晋时期的农耕彩砖

淝水之战 是前秦和东晋之间决定性战役，发生于383年。经过淝水之战，东晋王朝有效地遏制了北方少数民族南下侵扰，为江南地区社会经济恢复和发展提供了必要的契机。淝水之战是我国历史上著名以少胜多、以弱胜强的战例之一，为历代军事家所重视。

汉代末年至隋初的300多年间，许多游牧民族移居黄河中下游，使北方的畜牧生产有进一步发展。

三国时期，匈奴已进入华北，曹魏模仿汉代的五属国，将进入山西的匈奴分为五部进行管理。十六国时期，"五胡"大举进入内地建立起自己的政权。

"淝水之战"后，鲜卑拓跋氏崛起于山西北部及河北西北部一带，439年统一北方，其后孝文帝迁都洛阳，更多的鲜卑人来到中原腹地，这是汉唐时期规模最大的一次游牧民族内徙。一批又一批的内迁民族带来了一批又一批牲畜。

此外，北魏150年间不断地征讨北方草原上的匈奴、高车、柔然诸部，获得的牲畜也极为可观。据《魏书》的本纪及高车、西域等传，获取百万头匹以上的行动就有6次。如391年破匈奴刘卫辰部时，得"名马三十余万匹，牛羊四百余万头"。

■古代牧马图

■ 魏晋时期的农耕彩绘砖

北魏曾将水草丰盛的河西地区辟为牧地，后来又在洛阳附近置河阳牧场。每年从河西经并州，把牲畜徙牧至河阳牧场。

北魏本来就是游牧民族，在历次战争中又有数以千万计的俘获，故其畜牧业已超汉唐两代，北方农业区的畜牧成分也于此时臻于极盛。

魏晋南北朝时期，民间畜牧业的发展也达到顶峰。《魏书·尔朱荣传》言尔朱荣在秀容的牛羊驼马以色别为群，以山谷统计数量。由此反映的是民间马匹之多。

牛在普通百姓中可能比马更普遍，以至于朝廷经常下令作为赋役征发。这显然是在耕牛比较普遍的基础上制定的政策。

羊的饲养量也在增长，北魏农学家贾思勰在《齐民要术·养羊》篇谈种植喂牲口的饲草青茭时，常常以羊1000只的需求量为例，来讲述如何种植，这个数字在当时具有一定的普遍性。

孝文帝（467年—499年），原名拓跋宏，后改为元宏。鲜卑族人。北魏王朝的第六位皇帝，杰出的政治家、改革家。即位时仅4岁，亲政后，进一步推行汉化改革，对各族人民的融合和各族的发展，起了积极作用。

贾思勰铜像

西晋畜牧业也有发展。为了发展农耕，西晋朝廷大办养牛场。据《晋书·食货志》中记载，官办牛场养的种牛就有45000多头，有的地方官吏也动员农民聚钱买牛，鼓励养母牛、母马，还有猪、鸡等。畜牧生产在这一时期得到了发展。

东晋前后，十六国中有的国家以及从北魏开始的北朝五国，其君主是匈奴族、鲜卑族、氐族、羌族等少数民族，他们都重视畜牧业，畜牧生产在这些国家都有不同程度的发展。

在十六国和北朝史书中，有食用乳和乳制品的记载。北魏和北齐的太仆寺内设有驼牛署和牛羊署，北魏在西北养马200多万匹，骆驼约百万头，牛羊更是无数。

魏晋南北朝时期，在畜牧方面的最大成就，便是《齐民要术》的诞生。《齐民要术》书名中的"齐民"，是指平民百姓；"要术"是指谋生方法。

《齐民要术》是北魏时期我国杰出农学家贾思勰所著的一部综合性农书，大约成书于北魏末年，该收系统地总结了我国6世纪以前黄河中下游地区农牧业生产经验、食品的加工与贮藏、野生植物的利用等。此书是世界农学史上最早的专著之一，是我国现存最完整的农书。

《齐民要术》的作者贾思勰是今山东益都人。出身于一个世代务农的书香门第。他从小就有机会博览群书，从中汲取各方面的知识，为他以后编撰《齐民要术》打下了基础。

贾思勰在成年以后，开始走上仕途，曾经做过高阳郡太守等官职，高阳郡就是现在的山东临淄。并因此到过山东、河北、河南等许多地方。

每到一地，他都非常重视农业生产，认真考察和研究当地的农业生产技术，向一些具有丰富经验的老农请教，获得了不少农业方面的生产知识。

贾思勰中年以后又回到自己的故乡，开始经营农牧业，亲自参加农业生产劳动和放牧活动，对农业生产有了亲身体验，并掌握了多种农业生产技术。

他将许多古书上积累的农业技术资料、询问老农获得的丰富经验，以及他自己的亲身实践，加以分析、整理、总结，写成农业科学技术巨著《齐民要术》。

在《齐民要术》中，贾思勰用6篇文章分别叙述养牛马驴骡、养羊、养猪、养鸡、养鹅鸭、养鱼，详细记述了家畜饲养的经验，特别是吸收了少数民族的畜牧经验，对家畜的品种鉴别、饲养管理、繁殖仔畜到家畜疾病防治，均有记录。

■贾思勰饲养蜡像

关于《齐民要术》对家畜的鉴别，书中从眼睛、嘴部、眼骨、耳朵、鼻子、脊背、腹部、前腿、膝盖、骨形等方面制定了标准。对于家畜的饲养，书中提到了家畜的居住环境、备粮越冬、幼仔饲养、群养与分养、防止野兽侵害等内容。

《齐民要术》指出，养羊必须贮存干草，经常检查有病无病，用隔离和淘汰病弱畜只的办法，改进畜群素质，并提出一些简便可行的治疗方法。

对于繁殖仔畜，书中介绍了选取良种、家畜的雌雄比例、繁育数量、动物杂交、无性繁殖等内容，对于优化物种、提高生产力有很大的帮助，而且对我国的生物学发展和研究做出了一定的贡献。

在家畜疾病防治方面，《齐民要术》还搜集记载了48例兽医处方，涉及外科、内科、传染病、寄生虫病等方面，提出了对病畜要及早发现、预防隔离、注意卫生、积极治疗等主张。

《齐民要术》中有的兽医处方具有很高的应用价值。例如，书中介绍的直肠掏结术和疥癣病的治疗方法，在后来被广泛运用于兽医领域。这些都是我国古代畜牧科学的宝贵遗产。

阅读链接

贾思勰为了了解畜牧业的生产知识，他开始养羊。刚开始由于缺乏经验，羊死了许多。后来他打听到百里之外有一位养羊高手，就立即赶到那里向老羊倌求教。

贾思勰一到老羊倌家，便拜老人家为师，诚恳地请老人家指教。老羊倌被他的诚意所感动，就把羊的选种、饲料的选择和配备、羊圈的清洁卫生及管理方法等详细地讲给他听。

贾思勰回去后，按照老羊倌的指点，把羊养得膘肥体壮。

人们信服地称他为"养羊能手"，前来向他求教的人络绎不绝。

隋唐至明清期间的畜牧业

隋唐至明清1300余年的历史，是一部治乱兴衰的历史。在这一漫长的历史时期，畜牧业也经历了一个波浪式的发展过程，出现了几次发展高峰。

隋唐时期是我国封建社会的鼎盛期，那时我国的畜牧业取得了跨越式的发展。

宋元明清时期，畜牧业在牧场规模、畜口存栏量，以及相关法规等各个方面都有一定的进步。

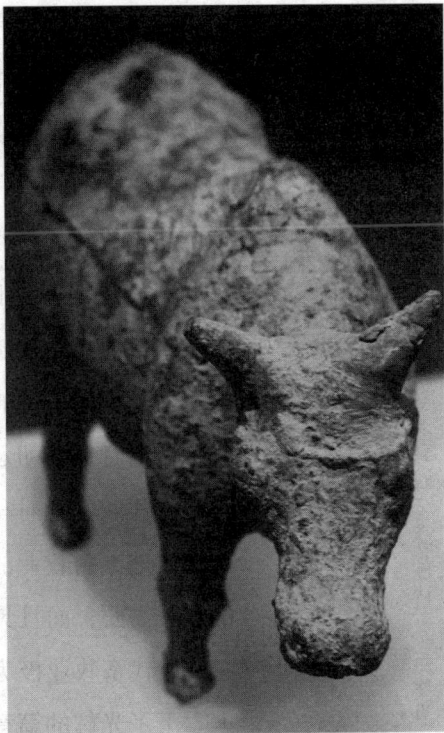

■唐代的铁牛

养殖史话

古代畜牧与古代渔业

■ 古代牧马画砖

河西 泛指黄河以西之地，其意在古代有过变化。春秋战国时，是指今山西、陕西两省间黄河南段以西地区，约在陕西省的韩城、合阳、大荔一带。汉、唐时多指甘肃、青海两省黄河以西的地区。这里地域辽阔，草原宽广，是历代朝廷拓展畜牧业繁荣理想的场所。

隋唐五代时期，农业科学技术取得了长足的发展，为畜牧业生产的全面发展奠定了基础。

隋结束战乱纷扰的局面后，畜牧业曾经盛极一时，既存在着一批官牧监，民间畜牧风气也很浓厚。

隋代的牧监是掌牧地的官署，陇右地区既是隋代牧监所在，又是防御突厥、吐谷浑的战略要地，此地民风粗犷，尚武风气浓厚，人人都精于骑射。这就决定了与之相邻的河西地区的畜牧业发展。

隋代是河西地区畜牧业经济发展的一个重要阶段。隋代在历史基础上继续在河西发展畜牧业，这时的河西是全国战马的主要供给地之一。

在当时，隋朝廷最大的边患是雄踞于西北的突厥与吐谷浑，朝廷对马匹的征发一日不可缓。因而隋代对河西地区畜牧业的经营，不仅适应了这里经济开发的客观需要，而且具有重要的战略意义。

唐代畜牧业极为兴盛，在我国数千年畜牧发展史上写下了光辉的篇章。其牲畜种类之多、数量之大、品质之佳、畜牧业组织机构之全、立法之详，前超秦汉，后过两宋，名列历代榜首。

唐代畜牧业所以兴盛，一靠政策得当，如重视马政、选贤任能，制定马法、赏罚分明，珍惜耕牛、保护役畜，农牧结合；二靠技术进步，如马籍盛行，引进良种、大力繁殖，牧养有法、储草御冬等。

从唐初贞观至中唐天宝年间，唐代牧监的地域在逐步扩大，而且都偏重在西北地区。牧地西起陇右、金城、平凉、天水，东至楼烦，都是唐代养马之地。

这一带水草丰盛，田土肥腴，气候高爽，特别适宜于畜群繁衍，故秦汉以来就是丰茂的畜牧场地，到了唐代，也很自然地成为了官府畜牧业勃兴的载体。

唐代特别强调以法治牧，严格执法，从而有效地保证了畜牧业长盛不衰。

据《唐会要》记载，西北各监牧的马牛羊驼数量

《唐会要》是记述唐代各项典章制度沿革变迁的史书，共100卷，北宋王溥撰。它是我国历史上第一部《会要》专著。它取材于唐代的实录文案，分门别类地具体记载了唐朝各种典及其沿革，为研究唐代政治、经济、军事、文化等各方面的情况提供了第一手资料，向来为研究者所重视。

■古代青瓷牛车

时升时降，开元初是24万匹，开元末升至43万匹。

唐代颁布了《厩库律》，规定牲畜的饲养、管理和使用，还颁布了《厩牧令》《太式》等有关厩牧事宜的专门法律。

此外，唐代对西域大批良种牲畜的引进，促进了中原农牧业生产的发展和畜牧技术的提高。这是民族间友好交往、民族关系得到发展的历史见证。

西域畜牧业对中原农牧业生产的发展做出了重要贡献。西域当时输入中原的牲畜以马为最大宗，唐朝廷积极引进。这里一直是中原王朝良马的主要供应地之一。

此外还有牛、驼、骡、驴等。西域良畜的引进，促进了中原畜种的改良，进一步发展了中原地区的畜牧业，支援了中原的农牧业生产。

随着大批西域良种牲畜的引进，在积极的饲养实践过程中，唐代的畜牧技术得到了很大程度的提高。建立了较为完备的马籍和马印制度，掌握了合理的饲养管理方法，兽医水平也有一定提高。

养殖史话

古代畜牧与古代渔业

南北朝时期的陶牛车

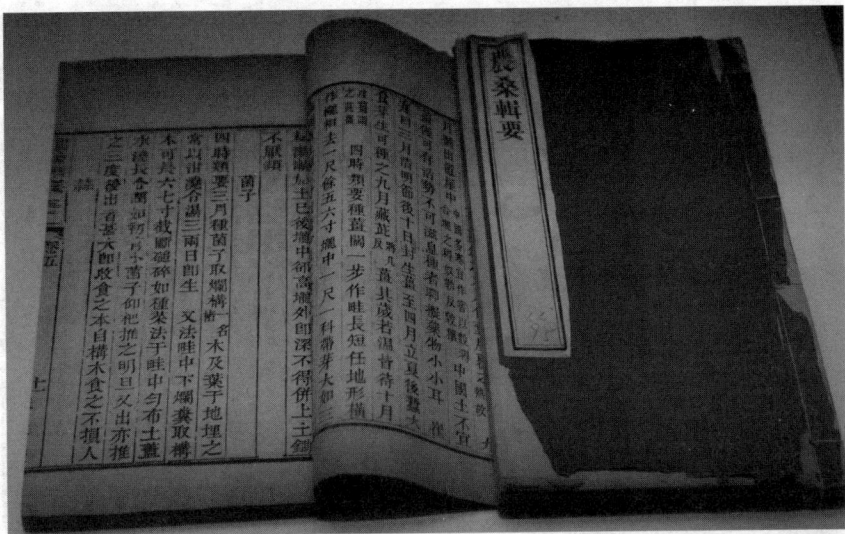

五代时期，政权更替频繁，战乱不断，黄河流域农、牧业受到破坏。南方九国，国小力弱，必须发展经济，才能安民保境，因而畜牧业的发展相对缓慢。

■ 元代古籍《农桑辑要》

宋代，传统官营牧场所在的西北边郡多为少数民族占领，宋朝廷将马分散到各地饲养。

宋代初期，养马最多时达15万匹，以后官营养马明显衰落。由于马匹不能满足需要，故从少数民族地区大量购进，茶马互市由此发展起来。

北宋与辽、金、西夏少数民族政权并立，疆域缩小，北境受辽、金威胁侵扰，农、牧业都比唐朝时萎缩。牧场偏重于内地，养马政策摇摆，机构分合不定，养马业不景气。

庆历年间是北宋军备最好的时期，官马总数超过20万匹，但仍不及唐代官马的一半。此时，南方水田增多，水牛、黄牛、猪和家禽的饲养也相应增加。

辽、金、西夏畜牧业相当发达，各个政权对畜牧

茶马互市 源于唐宋时期，是我国西部历史上汉藏民族间一种传统的以茶易马或以马换茶为中心内容的贸易往来。茶马互市是古代中原地区与西北少数民族地区商业贸易的主要形式，实际上是朝廷在西部游牧民族中尚不具备征税条件的地区实行的一种财政措施。

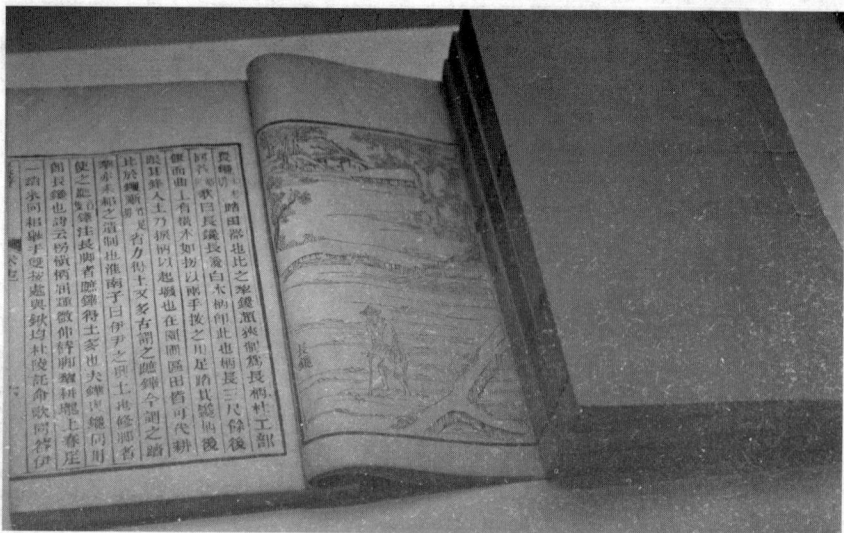
■古书上的养殖记载

忙哥剌（？—1280年），元世祖忽必烈三子。1272年受封安西王，赐螭纽金印，出镇京兆，就是现在的陕西西安，驻军于六盘山。1273年，进封秦王。元军攻南宋，奉令节制两川行枢密院。1280年，忙哥剌病亡，其子阿难答袭封为安西王。

业很重视，新刊本《司牧安骥集》就是金的附庸政权伪齐刘豫征集刊刻的，使此书得以流传下来，是我国现存最古老的一部中兽医学专著。《黄帝八十一问》是金朝人撰写的古兽医学重要篇章。

北方崛起的蒙古族统一全国后，建立了元王朝。元代在东北、西北和西南地区建立了规模很大的牧场14处。元代开辟牧场，扩大牲畜的牧养繁殖，尤其是繁殖生息马群，成为元朝廷的一贯政策。

元代牧场广阔，西抵流沙，北际沙漠，东及辽海，凡属地气高寒，水甘草美，都是牧养之地。当时，大漠南北和西南地区的优良牧场，见于记载的有甘肃、吐蕃、云南、河西、和林、辽阳、大同等，不下数十处。大规模的分群放牧，显然对畜牧业的发展有利。

元代官方牧场是大畜群所有制的高度发展形态，也是大汗和各级蒙古贵族的财产。官牧场通过国家权力占有的水草丰美之地，拥有极优越的生产条件，生产设备和牲畜饲料由地方官府无偿供应。

元代由于官牧场的牲畜繁多，牧人的分工更为专业化。记载下来的大致有：称为"苟赤"的骒马倌、称为"阿塔赤"的骟马倌、称为"兀奴忽赤"的一岁马驹倌、称为"阿都赤"的马倌、称为"亦儿哥赤"的羯羊倌、称为"亦马赤"的山羊倌、称为"火你赤"的羊倌等。牧人分工的专业化，也有利于畜牧业的发展。

除此之外，元代还有私人牧场。元代诸王在所分之地都有王府私有牧场，元世祖忽必烈第三子忙哥剌，占领大量田地进行牧马。可见当时蒙古贵族的私人牧场所占面积之大。

元代逐渐完善了养马的官制，设立了一些马政体系，如太仆寺、尚乘寺、群牧都转运司、"和买"制度等，同时对马匹进行保护。在元代制定的格律类聚书中，把马匹保护法作为一项重要内容。

元代有关保护畜牧业生产的刑律，一是盖暖棚、团槽栅，以牧养牲畜；二是禁私杀马牛，否则或被杖责，或被罚金；三是禁止盗窃畜口，如骆驼、马、牛、驴、骒、羊、猪，尽在禁盗之列。对偷盗牲畜者判罪的刑律，在元代的刑法中越到后期越严厉，尤其对盗牛马者，判罪最重。

尚乘寺 是我国古代的官署名。元代设置。掌鞍辔造作、起取南北远方马匹等事。设卿、少卿、丞等官。世祖初设群牧所，掌阿塔思马匹及鞍辔造作等事。后屡改名，先后称尚牧监、太仆院、卫尉院。至1287年罢院，分置太仆、尚乘二寺，太仆专管马匹，鞍辔等事归尚乘。

■ 元代的灰陶卧牛

茶马司 是我国古代的官署名。掌管与少数民族有关的茶叶和马匹贸易。宋有都大提举茶马司，掌以川茶与西北少数民族交换马匹。明初于甘肃临潭、天水、临夏以及四川雅安等州置茶马司，清于陕西、甘肃皆置茶马司，有大使、副使等官，其职掌与前代同。清初又曾于陕、甘两省置御史专管其事，统称茶马御史。

■丝绸之路雕塑

由于元代的一系列政策和措施，使元代畜牧业繁荣一时。当时牛羊云聚，车帐星移，呈一派畜牧旺盛景象。

明初朝廷建章立制，颁行法规，采取一系列恢复和发展农业生产的措施，明代畜牧业得以恢复和逐步振兴。

朝廷确立了一套系统严密的畜牧业管理体制，制定了详细严格的畜牧律令规定，从而在制度上保证了明代畜牧业的快速恢复和发展。

明代朝廷曾命令南京、太平、镇江、庐山、凤阳、扬州、滁州等六府两州的农民养马，并以马代赋，官督民牧。在西北及各边要省区设立监、苑、卫所，划定草场范围，发展军队养马。在东西北各少数民族地区实行茶马互市，设立茶马司以管其事。

明初，养马业由于连年战争的破坏而亟待振兴。明朝廷以马政建设为重点，严格官马管理制度，建立健全了管理机构。在明代前期，养马业的发展日益兴盛，规模庞大，技术进步，牧养发达，达到顶峰。

■ 丝绸之路浮雕

明初耕牛十分缺乏，为了发展耕牛，朝廷对耕牛的保护和繁殖很重视，颁布了奖励繁殖、禁止挤奶等条例。

事实上，这种政策是消极的，并不能促进耕牛的发展。明宪宗时设置蕃牧所，掌管奖励养牛事务，曾多次购买大批耕牛分给农民和屯垦士兵。

明代的养猪业、养羊业及家禽业也获得了一定发展。畜禽品种繁多且各具特色，猪、鸡、鸭、鹅等家畜及家禽饲养业在明代民间获得了进一步发展，养殖技术也有很大提高。

明代畜牧兽医技术的发展进步显著。经验兽医学发展迅速，家畜诊疗技术成就突出，达到新的高峰。畜牧兽医技术的进步，促进了畜牧业的发展。

为了保护好畜群，掌管养马的机构苑马寺曾多次翻刻《司牧安骥集》和《痊骥通玄论》等古兽医书，并编纂《类方马经》《马书》《牛书》等。著名兽医喻本元、喻本亨兄弟合著了《元亨疗马集》《元亨疗牛集》。

清代的马政制度基本仿照明代，太仆寺、上驷院分管各地的牧场。御用马归上驷院，属内务府。军用

喻本元 名仁，字本元，别号曲川；其弟喻本亨，别号月川，均为庐州府六安州人。他们被称为"明代兽医学鼻祖""六安喻氏兄弟"。他们继承和收集民间的经验，并结合自己的实践，将我国传统兽医学推向一个新的高峰。兄弟俩著有《元亨疗马集》《元亨疗牛集》。

马由兵部车驾司管理。太仆寺、上驷院、庆丰司所属牧场占地共30万平方里（7.25平方千米）。

太仆寺牧马场分左、右两翼牧场，上驷院牧场也有两处。庆丰司牧场有养息牧场和察哈尔牧场，里面有种牛场3处、种羊场4处，在北京西华门外设牛场3处，另有挤奶牛场3处。

此外，军事性质的八旗牧场，都各占地几十平方千米，饲养着数以千计的马、牛、羊等各种牲畜。

清代在中原及江南农区，实行禁止农民养马政策，废除明代官督民牧制度。除八旗、驿站、文武官员外，其余人员不准养马，违者没收马匹，畜主受杖责，违禁贩卖马匹者处死。

在这种政策影响下，农区中只能以牛耕田。因此，清代260年间马医无重要著作，而相牛和治牛病的书却大量出现。

值得一提的是，明清时期在养猪、养羊方面也有较大的发展。农区养猪、养羊主要是为了取得粪肥，因为栈养羊、圈养猪得到发展，并培育出一批优良猪、羊、鸡品种。猪种和鸡种曾运至国外，对世界的猪、鸡品种培育和发展产生良好的影响。

养殖史话

古代畜牧与古代渔业

阅读链接

清代彰武地区是皇家牧场，最初叫杨柽木牧场，也称苏鲁克牧场，后改为养息牧牧场。

1647年，顺治皇帝从察哈尔蒙古八旗调遣牧民到苏鲁克牧场。他们千里迢迢，跋山涉水，风餐露宿，历尽艰辛，整整走了两年，于1649年4月到达苏鲁克。

在当时，每旗调遣两个家族，每个家族调遣两户，共计调遣32户、236口人，分包、白、罗、邰、洪、赵、吴、齐、戴、李、韩、杨12个姓氏、16个家族。这些家族历经300余年，已繁衍了十几代人。

极其重视对马匹的驯养

在我国古代社会生活中，马匹不仅仅是农业生产中的重要役畜，更重要的是它还是古代军事和交通的必需物资。

所以古人在长期饲养家畜的实践中，认识到在一切家畜中，以马最为娇贵，必须特别加以细心饲养，才能培育出良好的马匹来。

我国历代从民间到国家都极为重视发展养马业，并且建立了一整套科学的养马方法，诸如如何科学饲养、如何驯教以及积极进行品种改良等。这些独具特色的方法，极大地丰富了我国古代的养马文明。

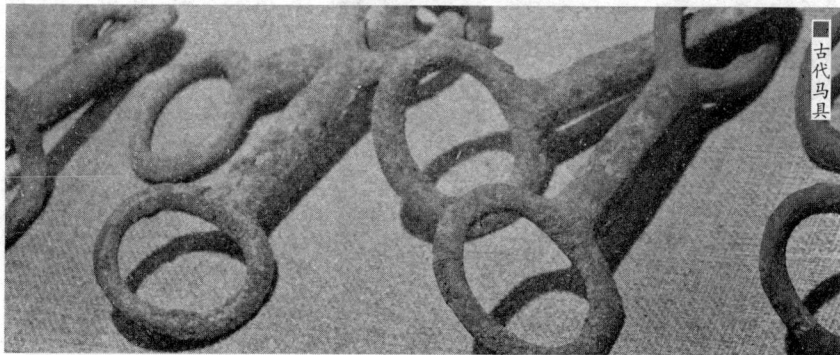

古代马具

先秦时期，商代就将马列为"六畜"之首，其认识到养马的重要性，提出必须关注马的习性，注意马的冷暖，适度马的劳逸，慎对马的饥渴，在饲养方面积累了许多宝贵的经验。

战国初期著名的军事家吴起，从战争的需要出发，对我国殷周以来的养马经验，作了非常好的总结，即对马的厩舍环境、食草来源、饥饱控制、温度观测、毛鬣剃剔等，可谓体念入微。

先秦时期的人们还知道在饲养马匹方面进行饲料的合理搭配。古代以粟和菽豆作为主要精饲料，统称为"秣"。

粟是碳水化合物含量高的饲料，豆是蛋白质饲料。使用碳水化合物和蛋白质饲料、粗料和精料合理搭配这点，说明我国在春秋战国时期就有了比较科学的饲养技术。

此后，人们对马匹进一步进行观察，掌握它的生活习性，在饲养方面积累了许多宝贵的经验。如北魏农学家贾思勰的《齐民要术》中说的"饮食之节，食有三刍，饮有三时"，意思是说饲料不可太单纯，饲饮要有定时，旨在强调精粗不等的3种喂牲口的饲料。这个养马原则为后世所师法。

■古代骑马俑

清代农学家张宗法撰写的综合性农学巨著《三农纪》中说：

■战国时的青铜战马

> 凡草宜择新草，细锉筛簸石土。

意思是说，饲马的草料要新鲜，不可用发霉腐败的草，而且要锉碎簸净石土，因为马的消化器官最容易犯病，吃了发霉不洁的草，很容易发生疝痛而致马死亡。这些饲养经验，直到现在仍在被运用。

我国古人对马匹的调教也很有讲究。马匹的调教是饲养马的一项重要技术，我国古代马匹调教技术是十分精湛的。

古代传说少昊制牛车，奚仲制马车，并制造鞍的勒靮，驾6匹马拉的车子。这说明我国在很早以前，就已经通过调教，用牛和马来驾车了。

从殷墟的发掘情况来看，更证实了殷代已用4马

奚仲 任姓，薛国始祖。据传为黄帝后，夏禹臣，为马车的创建者，其贡献不亚于"四大发明"。奚仲是古薛国地面上出现最早的，也是最大的发明家、政治家，过世后被百姓奉为"车神"，其造车之地，在今山东薛城境内的奚公山下。其父番禺、其子吉光都是交通工具发明家。

■ 古代驯马石雕

或6马拖车，而且还有辔饰头络，和今天的络制大同小异。

《诗经·大雅·绵》记载：

> 古公亶父，来朝走马。

古代畜牧与古代渔业

古公亶父 姓姬，名亶，豳人，就是现在的陕西省旬邑县。我国上古周族领袖。是周文王的祖父。他是周朝先公，是西伯君主，其后裔周武王姬发建立周朝时，追谥他为"周太王"。在周人发展史上，古公亶父是一个上承后稷、公刘之伟业，下启文王武王之盛世的关键人物。

古公亶父是周文王的祖父，可见殷末已有骑术。战国以前，在战术中重车战，战车在战胜敌人中有十分重要的作用。

到了春秋以后开始重视骑兵，因而骑术更加重要。骑兵在历代都有所发展。

到了元世祖忽必烈时，部下有很多蒙古骑兵，为了要求能在马上射箭准确，很注意对蒙古马的调教。后来蒙古马在速步时步法所以能这样平稳，就是我国劳动人民对马的特殊训练调教的结果，是有长期的历史传统的。

蹄铁是马匹管理上不可缺少的东西，由"无铁即无蹄，无蹄即无马"这句谚语，就足以说明蹄铁的重要。制造蹄铁和装蹄、削蹄是一门专门技术，它可以提高马匹的效能。

蹄铁在我国至少已有2000多年的历史。自从我国古代人民发明了蹄铁术之后，各地竞相模仿。欧洲的蹄铁术，是受到我国蹄铁术的影响加以改良而成的。

古人对马种的培育与改良，已经形成一套比较成熟的经验。汉武帝为了抵御匈奴，曾致力于养马业的发展。为了改良马种，他曾派遣使臣到西域大宛国，引入古代有名的汗血马2000匹，进行大规模的繁殖和杂交改良工作。

汉代以来，在改良马品种的基础上，还不断从西域输入大批的优良马种。唐代在马匹改良上也曾经作过极大的努力。

据《唐会要》中记载：唐高祖李渊时，康居国即今新疆北境和中亚地方进贡马4000匹，属大宛种，体

045

■古代战马武士画砖

昭陵六骏 是指陕西醴泉唐太宗李世民陵墓昭陵北面祭坛东西两侧的6块骏马青石浮雕石刻。分别名为"拳毛䯄""什伐赤""白蹄乌""特勒骠""青骓""飒露紫"。为纪念这6匹战马，李世民令工艺家阎立德和画家阎立本，用浮雕描绘6匹战马列置于陵前。

■ 唐代驯马雕像

唐太宗李世民时，居住在瀚海以北的"骨利干"族人派遣使者来我国，带来良马100匹，其中有10匹特别好，唐太宗极其珍爱，给每匹马都取了名字，号称"十骥"。

唐太宗曾用军事力量保护"丝绸之路"的畅通无阻。伴随通商，引进了外国一些先进科学技术，良马也传进来了。"昭陵六骏"中的名马之一"什伐赤"，就是引进的十分名贵的优良马种。

汉唐以来，先后从西域输入的，有大宛、乌孙、波斯、突厥等地的良马。这些良种马的引入，对于内地马匹的改良，起了极大的作用。

汉唐以来所产生的改良驹，体质健壮，外形优美。这些名驹良骥的雄姿，到现在还可以从汉唐遗留下的陶俑马、浮雕、壁画和石刻中见到。

■古代牧马画砖

唐代除养有大量官马以外，还通过同边疆各少数民族茶马互市和收纳贡马等途径，获得大量战马。因此，史称"秦汉以来，唐马最盛"。

汉唐有意识地引入外地种马杂交本地种马，无论是技术成就和数量规模之大，在当时世界上都是少有的。利用异种间的杂交方法来创造新畜种䮂骡、骡等，也是我国古代家畜育种科学的重大成就之一。

阅读链接

唐太宗李世民非常爱马，他的坐骑陪伴他度过了整个战斗生涯。为了养好马，唐太宗特意起用了有胡人血统的两位养马专家，并给予这两位专家很高的礼遇。

有一次，唐太宗举行国宴，招待西域各族酋长和外国使节，也让两位养马专家参加。

有一位叫马周的大臣认为他们只会养马，并无其他长处，不配参加这种高贵的国宴，说唐太宗把他们抬得太高了。

唐太宗则认为，大唐基业的创立也有养马专家的贡献，他们理应受到尊重。

积累了丰富的养牛技术

牛在我国古代是牛科中不同种、不同属及家畜的统称，通常指牛属和水牛属，也包括牦牛。

牛在我国这样一个农耕文化占主导地位的国度，从来就占有特殊的地位，古代先民在养牛技术方面积累了丰富的实践经验。

我国古代的养牛技术，涉及牛利用的历史发展、牛种的驯化和演进以及牛的饲养方式和方法等。体现了古代先民对牛的重视，更蕴含着几千年的牛文化。

古代农业耕作蜡像

■ 古人赶牛车雕塑

牛在远古时代就被用作祭祀的牺牲，每次宰牛多达三四百头，多于羊和猪的数量。在周代，祭祀时牛、羊、猪三牲俱全者，被称为"太牢"；如缺少牛牲，则称为"少牢"，这说明自古就以牛牲为祭祀的上品。

聪明的古人根据牛角的发育程度，判断牛的老幼，从而区别牛的等级。

为了掌管国家所有的牛在祭祀、军事等方面的用途，周代还设有"牛人"一职，汉以后曾发展成为专管养牛的行政设置。

牛在古代的主要用途是供役用。牛车是最古老的重要陆地交通工具，有人认为尧、舜以前已发明牛车。在井田制盛行的商周时期，规定每16井准备戎马一匹、牛一头，以备征用。

在有了交通驿站之后，牛在某些朝代，也用于缺马的地区或无须急行的驿运。历史上每当大战之后，马匹大减，牛的用途就大了起来，甚至有骑牛代步的。比如元代的民马多为朝廷征用，民间的畜力运输

太牢 古代帝王祭祀社稷时，牛、羊、猪三牲齐备为"太牢"。根据牺牲搭配的种类不同而有太牢、少牢之分。少牢只有羊、猪，没有牛。由于祭祀者和祭祀对象不同，所用牺牲的规格也有所区别：天子祭祀社稷用太牢，诸侯祭祀用少牢。《礼记》中太牢指大牢。

■ 古人赶牛车蜡像

金文 是指铸刻在殷周青铜器上的铭文，也叫钟鼎文。商周青铜器的礼器以鼎为代表，乐器以钟为代表，"钟鼎"是青铜器的代名词。因周以前称铜为金，所以铜器上铭文就叫作"金文"或"吉金文字"；又因为这类铜器以钟鼎上字数最多，所以过去又叫作"钟鼎文"。

曾以牛为主。

使牛的利用发生决定性变化的，则是农业生产中牛耕的发展。牛耕始于铁器农具产生以后，但在甲骨文和金文中，"犁"字无不从"牛"字。

孔子的门徒冉耕，字伯牛；另一个门徒司马耕，字子牛，二人的名号中都有相应的"耕""牛"二字。这些都可说明耕地与牛的关系和牛耕之早。

自汉代以后的2000余年来，许多出土文物更可证明牛耕的发展。唐代南诏的"二牛抬杠"和用单套牛耕作的方法，已见于徐州地区汉墓的石刻和嘉峪关、敦煌、榆林等地的壁画。唐初李寿墓的壁画，也说明早在1000多年前，无论是牛的轭具或耕作技术，都已发展到相当于近代农具的水平。

牛乳及其制品，一向是草原地区各族人民的主食。南北朝时期，已遍及北方农村，贾思勰的《齐民要术》就详细记载了农民挤牛乳和制作乳酪的方法。

乳制品在古代统称为"酪"，也很快推广到南北各地。据《新唐书·地理志》中记载，唐时在今甘、青、川诸省以及庐州也已有此产品。

此后，江南如湖州、苏州等地农民也养乳牛，挤乳作酪，并制成乳饼及酥油为商品。直至西洋乳牛输入以前，我国南北不少城市早有牛乳供应，采取的是赶黄牛上门挤乳出售的方法。

我国普通牛的驯化，距今至少已有6000年的历史，在草原地区可能更早。长期的定向选择以黄色为主，牛角也逐渐变短。

到春秋战国时期，已出现优秀的牛种。著名的秦川牛就奠基于唐代，可认为导源于当时，毛色则以红色为主。

秦川牛 是我国著名的大型役肉兼用牛品种，原产于关中平原地区。关中系粮棉等作物主产区，土地肥沃，饲草丰富，农作物种类多，农民喂牛经验丰富。在长期选择体格高大，役用力强，性情温驯的牛只作种用的条件下，加上历代广种苜蓿等饲料作物，遂形成了良好的基础牛群。

■ 古代农耕蜡像

■ 大足石刻水牛像

052
养殖史话

古代畜牧与古代渔业

至于塞北草原的牛种，据南宋徐霆关于蒙古的见闻录《黑鞑事略》中说：

> 见草地之牛，纯是黄色，甚大，与江南水牛等，最能走。

也说明了牛种在不同生态环境下产生的差异。

水牛在我国南方驯化较早。浙江余姚河姆渡和桐乡罗家角两处文化遗址的水牛遗骸证明，约7000年前我国东南滨海或沼泽地带，野水牛已开始被驯化。

从古代文献看，甲骨文中有"沈牛"一词，被释为水牛的古称。汉代辞赋大家司马相如《上林赋》也有此名词。现陈列在美国明尼亚波里斯美术馆的卧态水牛铜像，是我国的周代文物。

明代《凉州异物志》载"有水牛育于河中"，证明古代在今甘肃武威地区也有水牛，只因数目较少，被视为珍稀动物。

司马相如（约前179—前118年），字长卿，西汉大辞赋家。他是我国文化史文学史上杰出的代表，是西汉盛世汉武帝时期伟大的文学家、杰出的政治家。后人称之为"赋圣"和"辞宗"。工辞赋，其代表作品为《子虚赋》，为汉赋代表作家。他与卓文君的爱情故事广为流传。

牦牛由野牦牛驯化而来。古代用牦牛尾毛制成的饰物称"旄"，常用作旌旗、枪矛和帽上的饰品。据史载，先秦时期青海有用牦牛尾毛制成的饰物，中原地区有的国家通过物品交换得而用之，说明先秦时期青海一带的牦牛产品已成为与中原地区商品交换的内容之一。

此外，牦牛肉在当时被认为是美味的肉食，说明牦牛自古也供肉用。

放牧是古代养牛的早期方式。在这方面，我国古代先民的牧养技术是比较成熟的。甲骨文中的"牧"字，即表示以手执鞭驱牛。《说文解字》中把它解释为养牛人。

夏商时期的牧官，包括牧正和牧师，既是地方官，也是管理养牛和其他畜牧生产的头目。古代牛群放牧的形式和近世相似。放牧地也有指定，曾有郊地、林地、牧地的区别。随着牛用途的发展，以放牧

象形字 来自于图画文字，是一种最原始的造字方法，图画性质减弱，象征性质增强。因为有些实体事物和抽象事物是画不出来的，它的局限性很大。埃及的象形文字、苏美尔文、古印度文以及中国的甲骨文，都是独立地从原始社会最简单的图画和花纹产生出来的。

■古代农耕蜡像

养殖史话

古代畜牧与古代渔业

为主的养牛方式逐渐向舍饲过渡，或二者结合。

除了牧养牛，古人还有圈养牛的方法。甲骨文中的"牢"字是个象形字，"宀"字下面一个"牛"字，表示供躲避风霜雨雪用的简易牛栏或牛棚。《秦律》中已有对牛马的饲养管理和使用的保护条例。

北魏贾思勰的《齐民要术》中指出，养牛要寒温饮饲适合牛的天性，还提到造牛衣、修牛舍，采用垫草，以利越冬等，表明已很重视舍饲管理措施。《唐六典》明确规定官牛的饲料由朝廷定量供应。

元代的《农桑辑要》在总结元代以前耕牛的饲养方法时提到：每3头牛日给豆料达8升，每日定时喂给，每顿分3次，先粗后精，饲毕即耕用。

到明清时期，耕牛饲养采取牧喂结合的方法。明代农学家徐光启在《农政全书》中，讲述了适用于江南的养牛方法。

■ 西夏时期牛耕蜡像

清代作家蒲松龄的《农桑经》、清代学者包世臣的《齐民四术》和张宗法的《三农纪》中介绍的饲料处理和喂牛的方法，适用于华北。清代农业经营家杨秀元的《农言著实》中介绍陕、晋各省用苜蓿喂牛的经验，则更有价值一些。

古代赶牛人

我国古人在养牛过程中，还发明了穿牛鼻的方法。穿牛鼻是控制牛便于役用的一项重要发明。甲骨文"牛"字下面一横划，表示用木棒穿过牛鼻的意思。两汉时期的耕牛壁画，也证明牛穿鼻的发明为时甚早。

赶牛的鞭子是在春秋时期开始的，主要用于放牧和使役。据清代官员鄂尔泰《授时通考》的解释，其作用在于以鞭与人的吆喝声相伴和，用以警示牛行，而不是只用鞭挞，因而又称"呼鞭"。

总之，我国古代劳动人民在养牛方面，取得了令人瞩目的成就，不仅丰富了我国古代农耕文化，也对人类历史的进步做出了贡献。

阅读链接

春秋时期的百里奚是个有贤才的人，楚国国君楚成王听说百里奚善于养牛，就让百里奚为自己养牛。秦穆公听说百里奚是人才，就想重金赎回百里奚。

但谋臣公子絷认为，楚成王让百里奚这样的人才去养牛，说明他还不知道百里奚的能力，如果用重金赎他，就等于告诉人家百里奚是千载难遇的人才。最后，秦穆公用5张黑公羊皮换来了百里奚。百里奚也因此被称为"五羖大夫"。

百里奚养牛，也从一个侧面说明了春秋时期养牛已经被贤者所重视。

历史悠久的养羊技术

我国自古就把不同属的绵羊和山羊统称为"羊"，其驯化和饲养的历史大概比牛悠久。绵羊和山羊对生态环境的适应性不同，二者发展的历史有所差异，但自古以来它们都是肉食和毛皮的重要资源，是我国各族人民衣食的主要来源。

自古养羊以成群放牧为主。牧羊与牧牛的方法十分相似，凡水草肥美的地方都是养羊的良好环境。古代先民通过养羊实践，传袭下来许多养羊经验。

苏武牧羊画

■ 古人牧羊图

我国养羊的历史悠久，从夏商时期开始已有文字可考。由于在河南安阳殷墟发现了绵羊头骨，因而有"殷羊"的命名，但实际绵羊驯化的时间远比殷代早得多。一般认为我国养羊在远古时期已进入驯化阶段。

甲骨文中有"羊"字，没有绵羊、山羊的区分。直到春秋时期前后，绵羊和山羊在文字上才有所区别，而历代训诂学者又各有不同的解释。《尔雅》中郭璞注指出，羊指绵羊，夏羊才指山羊。

绵羊在以后的发展过程中，古代蒙古羊、肥尾羊、同州羊和湖羊对近代绵羊品种的形成，关系较为密切。

殷墟 是商代后期都城遗址，位于河南安阳市殷都区小屯村周围，横跨洹河两岸，与殷墟宫殿宗庙遗址、洹北商城遗址等共同组成了规模宏大、气势恢宏的殷墟遗址。它是我国历史上第一个文献可考、并为考古学和甲骨文所证实的都城遗址。

养殖史话

古代畜牧与古代渔业

■ 苏武牧羊雕塑

蒙古羊在秦汉时代也称"白羊"，主要在塞外草原上游牧。2000多年来，因民族之间的战争和草原部族的南迁而大批进入长城以南，北方农村早已成为蒙古羊的主要扩散地。经过它与华北及西北边远牧区的羊群杂交，我国现有的各地绵羊品种，除青藏高原及西南地区的藏羊外，几乎都与蒙古羊有关。

古代肥尾羊是大尾羊中的一类，还有一类是肥臀羊。大尾羊原产于西域包括今新疆等地，大多在唐宋时期来到黄河中下游流域，曾以贡品输入。大尾寒羊是北宋时同州羊东移中原地区发展起来的另一品种。

宋代李昉等学者奉敕编纂的《太平御览》和明代官员叶盛的《水东日记》，都称西北牧民有从大尾羊尾内割脂肪的习惯。

明代医药学家李时珍的《本草纲目》中说，哈密和大食的大尾羊尾重达5至10千克，要用车运送。大尾寒羊是肥尾羊的代表。

同州羊形成于唐代以后。陕西同州自唐迄明末长期存在的沙苑监，不仅以养马驰名，也是为皇室供应绵羊的主要场所。在此培育的绵羊肉质肥美，同州羊因而得名。

关于湖羊的形成，根据近年南京地区出土的文物证据，其历史可追溯到东晋时代。这与北方战乱、古代人口两次大迁徙到江南有关，是适应江南环境而形成的品种。

宋嘉泰元年（1201年）谈钥撰写的《嘉泰吴兴志》记载：

今乡土间有无角斑黑而高大者，曰湖羊。

但清代的《湖州府志》则改称它为"胡羊"，并说因在枯草期间可用干桑叶喂饲，因此又有"桑叶羊"之称。

山羊自古遍于南方，是南方的主要羊种，北方草原上也有分布。其适应性很强。除利用其肉、乳、皮毛外，汉代以后还曾出现供人乘坐的羊车。山羊有时也供儿童骑用，与绵羊一起放牧时，还常被用作"带群羊"。

在岭南地区，传说秦始皇派去的南越王赵佗，以五色羊作为瑞祥的标志。今云南一带，也是古代产山羊较多的地方。唐时吴越人曾向日本送去山羊，到18

李昉（925年—996年），字明远，深州饶阳（今河北饶阳）人。宋代著名学者。官至右拾遗、集贤殿修撰。后周时任集贤殿直学士、翰林学士。宋初为中书舍人。宋太宗时任参知政事、平章事、中书侍郎。曾奉敕撰《太平御览》《文苑英华》《太平广记》等书。

范成大（1126—1193年），字致能，号石湖居士，平江吴郡（今江苏吴县）人。南宋著名诗人。宋高宗时进士，初授户曹，又任监和剂局、处州知府，以起居郎、假资政殿大学士出使金朝。后历任静江、成都、建康等地行政长官。淳熙时，官至参知政事。晚年隐居故乡石湖。卒谥文穆。他与尤袤、杨万里、陆游齐名，号称"中兴四大诗人"。有《石湖居士诗集》《石湖词》等。

世纪山羊在日本仍被当作珍贵吉祥之物。

乳用山羊在南宋时代已见于杭州，宋《清波杂志》中有记载。宋范成大的《桂海虞衡志》中所说的英州乳羊，则是产于广东的一种肉用山羊，《本草纲目》的更把它当作滋补的肉类。

春秋时期的两个大商人范蠡和猗顿都牧过羊。汉武帝时卜式牧羊尤为闻名。据《史记·平准书》和《前汉书》中记载，卜式是河南人，与弟分家后，只取羊百余只，入山放牧十余年而致富。

汉武帝派卜式在上林苑牧羊，年余就见成效。迄今流传的《卜式养羊法》，是否为他所著，尚难证实；但北魏《齐民要术》中的养羊篇，总结了魏、晋以前民间流传的牧羊经验，其中也包括卜式的经验，迄今仍不失为养羊的古代文献。

关于牧羊的饲养管理，在青海都兰县的考古发掘材料证明，先秦文化遗址中有外围篱笆的较大羊圈，说明当时的牧区环境已有一定设施。

《齐民要术》则对牧羊人的性格条件、牧羊时羊群起居的时间、住房离水源的远近、驱赶的快慢、出牧的迟早以及羊圈的建筑、管理和饲料的储备等，都做了详细阐述，说明饲养管理措施已甚周到。该书对剪毛法也有叙述，指出剪毛的时期和次

■三国时的陶羊圈

数决定于季节，有春毛、伏毛和秋毛的区别等。

古代供祭祀和宴会用的羊牲，一般都经过催肥，称为"栈羊"。《唐六典》为此定有制度：凡从羊牧选送到京的羊，即行舍饲肥育；一人饲养20只，每只定量供给饲料，屠宰有日期限制；并规定有孕母畜不准宰杀等。

自唐代以后，由于皇室和往来使臣的肉食需要，对栈羊非常重视。仅据北宋大中年间诏书所示，牛羊司每年栈羊头数达3.3万只，尚未包括民间羊肉的消费数量。

对于配偶比例，明末清初农书《沈氏农书》认为以1雄10雌为宜。清代杨屾在劝民植桑养蚕的农书《豳风广义》中则认为，西北地区，1只公绵羊可配10至20只母绵羊，在非配种的春季可改为50至60只，

■ 古代蒙古族妇女剪羊毛场景

杨屾（1687年—1785年），字双山，陕西兴平人。清代鼎盛时期的农学家，一生重视农业和农业技术教育，长期从事农业职业技术教育，办学规范，成绩卓然，是我国古代杰出的农业教育家。著有《豳风广义》等书。

陇右 "陇右"一词则由陕甘界山的陇山，即六盘山而来。古人以西为右，故称陇山以西为陇右。古时也称陇西。陇右地区位处黄土高原西部，界于青藏、内蒙古、黄土三大高原接合部。其地渊源久远，成分复杂，内涵丰富，特色鲜明，是一个相对完整的自然、人文地域单元。

■晋武帝司马炎乘羊车画像

是以公羊带群放牧配种的。由于秋羔多不良，古代牧羊者已知在春夏季以毡片裹牝羊之腹，防止交配。

牛、羊粪可用以提高土壤肥力，这在《周礼·地官》中早已指出。《沈氏农书》中记述了明代嘉兴、湖州地区养羊除收取羊毛、羔羊外，还可多得羊粪肥田。徐光启《农政全书》中指出羊圈设在鱼塘边，羊粪每早扫入塘中，可兼收养羊与养鱼之利。

清代文人祁隽藻的《马首农言》还记载有清代北方农村秋收后"夜圈羊于田中，谓之圈粪"的养羊积肥法。

我国古代牧羊场的组织制度应该说是比较健全的。隶属国家组织的牧羊场，古称"羊牧"，其中有的是独立设置，也有与马牛分群管理的综合经营。

如汉景帝时的马苑，号称养马30万，实则也包括许多牛羊。魏、晋时羊牧属于太仆寺，北朝在寺下再设司羊署，主管养羊行政，并分设特羊局和牸羊局。隋代统一全国后，组成牛羊署。

唐代改成典牧署，掌管陇右牧监送来的牛羊，以及群牧所的羊羔。《唐律》规定以620只羊为一群，不包括羊羔，每群设一名牧长和几名"牧子"。另规定孳生课羔的制度和奖罚的办法。宋以后典牧署改称牛羊司，属光禄寺管辖，并改羊牧为羊务，另有一套制度。

■古代牧羊读书图

明代宫廷所需的羊，除由各省派拨外，也由上林苑饲养繁殖。永乐以后在北京市郊各县的上林苑，其规模不亚于秦汉，同时兼养其他畜群，也是一个皇家狩猎场。

清代的羊场主要集中在两处：一处在察哈尔锡林郭勒盟，专供皇室取用，牧羊约21万只；另一处在伊犁地区，归地方军政当局主办，称伊犁羊场，全盛时期牧羊曾达14万只。

阅读链接

四川盆地西北部的北川古羌族，是一个以养羊为主的畜牧民族，由于羊在社会经济生活中的重要作用，北川羌族逐渐形成了对羊的崇拜。

以羊祭山是古羌人的重大典礼，所供奉的神全是"羊身人面"，视羊为祖先。在日常生活中，羌人喜欢养羊、穿羊皮褂、用羊毛织线。羌族少年成年礼时，羌族巫师用白羊毛线拴在少年颈项上，以求羊神保佑。

羊图腾崇拜是羌族先民较普遍的一种崇拜形式，是羌族原始宗教信仰的一个重要内容。

不断进化的各种驯养家禽

我国是饲养家禽最早的国家之一。"禽兽"二字时常连称，但在古代对禽类和兽类的概念早有明确的区分。

据《尔雅·释鸟》的解释："二足而羽谓之禽，四足而毛谓之兽。"在《孔子家语》中则以卵生或胎生来区别禽兽。

经过驯化饲养的禽类称"家禽"，自古以来通常是指鸡、鸭、鹅等。我国古代劳动人民在驯化和饲养家禽的过程中，总结出了相禽和选种、孵化、饲养、产蛋、填肥、强制换羽等方面的方法，使家禽的饲养越来越兴旺。

■战国彩绘陶鸭

我国很早就已将鸡列为"六畜"之一。古代养鸡除供食用卵肉外，有时也为玩赏和利用雄鸡的啼声司晨。

《周礼》设"鸡人"一职，既掌管祭祀用的鸡牲，也负责用鸡报时。春秋时期，养鸡已相当普遍，如老子的《道德经》中说："邻国相望，鸡犬之声相闻。"

吴王夫差就在越国设过养鸡场。汉代时有养鸡名手祝鸡翁，因善于养鸡而致富。某些地方官也鼓励农民每家养母鸡四五只和猪一两头。

在漫长的发展过程中，我国古代产生过不少独特的鸡品种。其中主要有鹖鸡、长鸣鸡、乌骨鸡、长尾鸡、江南矮鸡等。

鹖鸡属大型善斗品种，产于春秋时代鲁国，主要供娱乐用。《尔雅》称"鸡三尺为鹖"。《左传》有关于季郈两家贵族斗鸡的记载。

汉代以来，还有不少描写斗鸡的文学作品，如曹植的《斗鸡赋》等。唐代盛世，斗鸡之风曾达到狂热程度。唐代以后在军中推行斗鸡之戏，具有激发士气的意义。

长鸣鸡在古代供报时用，主要产于南方濒海各地。梁《舆地志》说它鸣如吹角，潮至则鸣，故又称"潮鸡"。汉成帝时，交趾、越隽曾献长鸣鸡。江南

■商代妇好墓石鸭子

曹植（192年—232年），字子建，魏武帝曹操之子，魏文帝曹丕之弟。三国曹魏著名文学家，建安文学代表人物。生前曾为陈王，去世后谥号"思"，因此又称陈思王。后人因他文学上的造诣而将他与曹操、曹丕合称为"三曹"，南朝宋文学家谢灵运更有"天下才有一石，曹子建独占八斗"的评价。

汉代鹅形宫灯

沿海昌国，即舟山群岛一带也有出产。

乌骨鸡是指反毛乌骨鸡。唐代杜甫养过乌骨鸡，有诗可证。明《便民图纂》有记述：

用白毛乌骨鸡，重二斤许，作乌鸡丸。

著名国药"乌鸡白凤丸"即以此为原料制成。

明代《本草纲目》中还指出反毛乌骨鸡有黑毛、白毛、斑毛3种。日本在江户时代从我国输入乌骨鸡，以后再传到欧美。

长尾鸡源于朝鲜半岛北部，《后汉书》对此有记载，成都地区的东汉墓发现有长尾鸡的石刻，但我国古代只作为珍异贡物，未能保存下来。

江南矮鸡在《本草纲目》中有记载。清康熙末年曾由商船向日本运去南京矮鸡，随后在日本发展成许多有名的观赏用矮鸡品种。

此外，我国还有九斤黄、狼山鸡等南方良种，19世纪经英、美各国引种培育后才闻名于世。

鸭的驯化时间晚于鸡。早在2000多年前，已知家鸭和野鸭有密切关系。

古代多称家鸭为"鹜"，如《尔雅·释鸟》郭璞注："野曰凫，家曰鹜。"但也有称鹜为野鸭的。据《吴地记》载：春秋时期吴国所筑的鸭城，已是规模很大的养鸭场。三国时，东吴还以养斗鸭闻名。

《云仙杂记》中"富扬庭常畜鸭万只，每饲以米五石，遗毛覆渚"的记载，是唐代在桂林地区养鸭的实例。

鸭的著名品种北京鸭在明代即已形成，当时在北京近郊上林苑中养种鸭达2600多只，仔鸭不计其数，专供御厨所需。

鹅成为家禽晚于鸭，系由雁驯化而成。自古认为雁与鹅之间存在亲缘关系，民间至今仍有雁鹅之称。如《尔雅》郭璞注"野曰雁，家曰鹅"。我国在春秋时期已有鹅。到西汉时，鹅已作为商品，如西汉王褒《僮约》说"牵犬贩鹅"。

鹅的品种中白鹅也用于观赏，东晋王羲之尤爱白鹅，绍兴兰亭的鹅池即其遗迹。东晋葛洪的《肘后备急方》中指出：养白鹅、白鸭，可避毒虫。

唐代岭南一带有大型鹅，并利用鹅绒做被；皇室贵族还有养斗鹅取乐的。明代上林苑所养的鹅群约3倍于鸭，每年从各省还进大量贡鹅。

我国古代养禽技术方面有不少创造，有的沿用至今。其中有一项技术就是相禽和选种。

相禽的目的是选种。汉代有《相鸡经》，为《相六畜》之一。《隋书·经籍志》

葛洪 （284年—364年或343年），字稚川，自号抱朴子，晋丹阳郡句容（今江苏句容）人。三国方士葛玄之侄孙，世称小仙翁。葛洪是东晋道教学者、著名炼丹家、医药学家。他曾受封为关内侯，后隐居罗浮山炼丹。著有《神仙传》《抱朴子》《肘后备急方》《西京杂记》等。

■魏晋时期的陶鸡

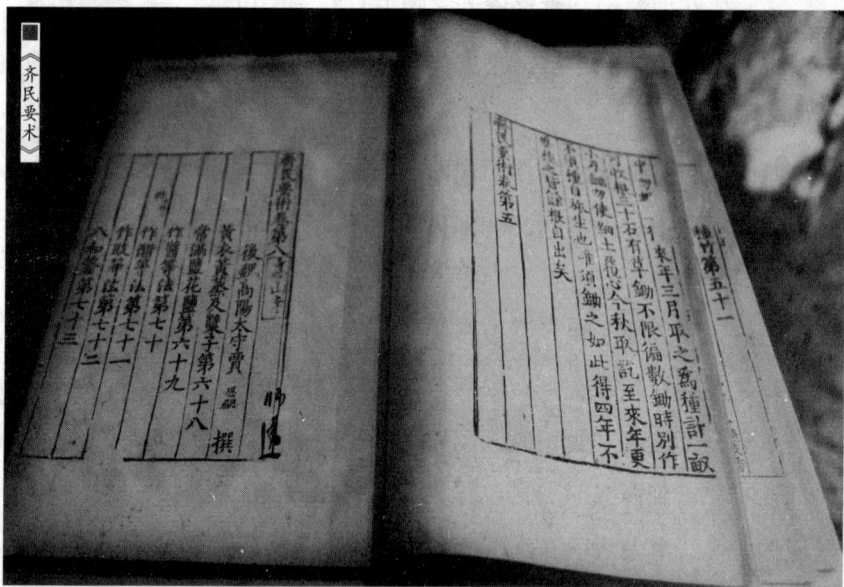

养殖史话

古代畜牧与古代渔业

还提到梁代有过《相鸭经》《相鸡经》《相鹅经》3部书，可惜都已经失传了，但尚散见于明清时期的《臞仙神隐书》和《三农纪》等古农书中。

《齐民要术》中对选择各种种禽时幼雏孵化时间、母禽年龄、配偶比例等均有详细记述，有关经验一直沿用到宋、元时期。

古代养禽一般采用自然孵化。我国北方大都用土缸或火炕孵蛋，靠烧煤炭升温。在南方，一般用木桶或谷围孵蛋，以炒热的谷子作为热源。

炒谷的温度大约在38度至41度之间，经过8小时逐渐降低到三十四五度，再炒一次。每天共炒谷3次，使木桶里的温度经常保持在37度左右。

种蛋孵化10天后，蛋里胚盘发育中自身产生热，此后就可掺入新的种蛋。如果木桶里保温良好，这样旧蛋自身发出的热已足以供给新蛋胚盘发育的需要，无须再炒谷了。土法孵化的巧妙处也就在这里。

我国人工孵化法的特点是设备简单，不用温度调节设备，也不需要温度计，却能保持比较稳定的温度，而且孵化数量不受限制，成本很低，孵化率可达95%以上。

对于家禽的饲养管理，最早的《诗经·君子于役》中就有"鸡栖于埘"和"鸡栖于桀"的记载。《尔雅·释宫》中称："鸡栖于弋为桀，凿垣而栖为埘"，说明古代养鸡，多使鸡栖息于小木桩上或凿墙而成的埘上。

江西瑞昌西晋墓出土文物中，已有相当于笼养的鸡寮和养鹅鸭的圈栏。《齐民要术》中指出："鸡栖宜据地为笼"，并引述了汉代用秫粥洒于耕地，上覆生茅，人工生虫作动物性饲料的笼养鸡法。

此后笼养法一直受到重视。养鸭、鹅素以群放为主，《齐民要术》也有记载；在缺少河港的北方，则以舍饲居多。

关于鸡、鸭、鹅的产蛋，据《齐民要术》记述，母鸡不以雄相杂，多给谷食，能生百余卵，母鸭也是如此。以后的古代文献中，还有杂用青麻子混于饲料，能使母鸡多产蛋；麻鸭的产蛋能力高于白鸭等记载。

填肥法多行于鸭、鹅。以鸭为例，北京鸭味美可口，早在明代就已为人们所赏识。这是由于人们发明了填鸭肥育技术、改善了鸭的肉质的缘故。

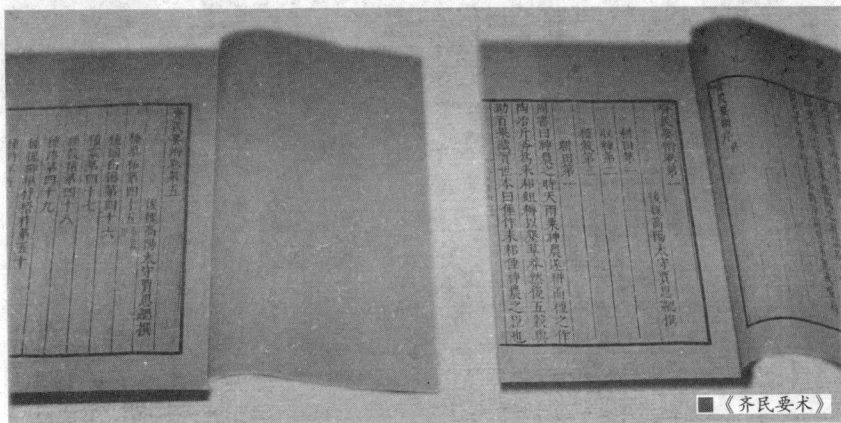

■《齐民要术》

朱权（1378年—1448年），字臞仙，号涵虚子、丹丘先生，自号南极遐龄老人、臞仙、大明奇士，原籍濠州钟离（今安徽凤阳）。卒谥"献"，又称"宁献王"。自幼体貌魁伟，聪明好学，人称"贤王奇士"。参与过"靖难之役"。

北京鸭在孵出后六七十日就开始填肥，这需要专门的技术。每天给鸭子两回肥育饲料。在肥育期间，不再在舍外放饲，同时在肥育舍的窗格子上挂上布帘，把屋子弄成半明半暗。

肥育用的饲料是高粱粉、玉米粉、黑麸和黑豆粉等。把这些饲料用热汤搓制成棒状的条子，叫做"剂子"，由填鸭的技师用手把鸭嘴撑开，一个一个地填下去。

初次试填，每天每只约填7至9个。如有消化不良的，下次宜减去一两个，如果消化良好，以后逐日递增，最后约填20个左右。

这样鸭子在肥育期的2至4周间，就可增加体重4至6斤，肥育完成，可增重9至12斤，肉味特别鲜美。

鹅的填肥法在明代朱权的《臞仙神隐书》中有较具体的记载，称"栈鹅"。明代邝璠的《便民图纂》

■ 北朝陶鸡文物

■ 汉代陶鸭

中则有栈鸡法。肥育家禽时用硫磺加入饲料中，始见于《神农本草经》，明代古农书中仍有此说。

我国的古人掌握了鸭的生长发育规律，还发明了人工止卵和强制换羽的方法，使种鸭能依照养鸭人的意愿，要什么时候下蛋就什么时候下蛋，要什么时候换羽毛就什么时候换羽毛，而且缩短了换羽期，增长了产卵期。

夏天鸭因怕热，生长迟缓，下蛋数量减少，质量也差。这时候一般就人工止卵：先使它停食3天，只给清水，以维持生命。

3天后，改喂米糠，不再放饲，就可以自然停止下蛋。停止下蛋后大约5个星期，一般就会换羽。如果任鸭自然换羽，前后大约要经过4个月，而且恢复健康也慢，甚至会耽误和影响秋季下蛋。强制换羽，可以把换羽时间缩短至五六十天。

脱羽到相当程度，再把它的尾羽、翅羽分次用手拔尽，这对鸭子并无损伤，而且是有益的。这时添给

邝璠 字廷瑞，山东任丘（今属河北）人。明代官员。他因重视农业生产、关心人民生活，曾搜集许多农业生产技术知识、食品加工生产技术，简单医疗护理方法以及农家用具制造修理技艺等，写成了《便民图纂》一书。这部书的全部内容都可说是适合于农民们日常应用的。

■ 汉代陶畜

适量的黑豆，以促进羽毛生长。

拔羽在6月上旬实行，到7月中旬新羽生长一半时，再赶下河去放饲。这时饲料恢复原状，用米糠、黑豆和高粱饲喂。

到了7月下旬，就加喂粟米，配给量和未停止下蛋时一样。几天后就可看到鸭有交尾的。到8月上中旬，就又开始下蛋了，这种办法可使停止产卵期缩短一半。

我国古代家禽除了鸡、鸭、鹅外，还有其他禽类的驯养。主要包括鸽、鹌鹑、猎鹰、鸬鹚、鹤、雉、竹鸡等。

据东汉文字学家许慎的《说文解字》中解释，鸽"与鸠同类"。甲骨文中尚未发现鸽字，《诗经》多次提到"鸠"，而未提鸽。《周礼·天官》郑司农注六禽，即包括鸠与鸽，可见鸽在当时还是一种野禽。

秦汉时期已有家鸽。马王堆汉墓帛书《相马经》中所说的"欲如鸽目，鸽目固具五彩"，说明鸽的出现可能在秦汉之前。

鸽在古代已有多种用途。五代《开元天宝遗事》载称，唐代宰相张九龄在少年时养鸽，用以与亲友通信。实际上早在隋唐以前，南方近海地区民间已有通信鸽，海船出航后，常用鸽系书放归报信。宋代以后，鸽还供军用。

古时养鸽供玩赏用的更多，唐代诗人白居易等人有描写鸽的诗赋。南宋诗人叶绍翁的《四朝闻见录》中描写南宋京城临安一带多"以养鹁鸽为乐，群数十百，望之如锦"。

养鸽也供食用，如南北朝时期梁武帝时，南京台城被围，守军曾捕鸽充饥。清代《南越笔记》介绍广东有"地白"鸽，体大不能高飞，专供肉用。

关于鸽的品种，明代的《山堂肆考》乃至清代

叶绍翁 字嗣宗，号靖逸，龙泉人，祖籍浦城，原姓李，少时即给龙泉叶姓为子。南宋中期著名诗人。他是江湖派诗人，他的诗以七言绝句最佳。有诗集《靖逸小集》《南宋群贤小集》本。别著《四朝闻见录》，杂叙宋高宗至宋宁宗四朝轶事，颇有史料价值。

驯养之路

古代畜牧

■汉代釉陶鸡

《花镜》等古籍均有记载，而以明末山东省邹平县张万钟的《鸽经》叙述最详。

该书将鸽的种类分为花色、飞放和翻跳三品，在三品之中又有40多种名目，均按外观特征和活动性能区分，并指明其原产地。

古代曾把鹌和鹑作为两种不同的鸟类。直到宋代仍认为有别。《本草纲目》对鹌和鹑的特征也有描述，而总其名为鹌鹑。

明程石邻的《鹌鹑谱》，系传自明宫秘本，全书约2万字，详述鹌鹑的相法、名目、饲养、驯调和斗法等10多个项目。另有金文锦《鹌鹑论》一书，是康熙乙未年刻本，其中畜驭法尤为精辟。

由此可见，我国养鹌鹑早有系统经验，只因仅供玩乐用，直至近世鹌鹑一般仍是野生。

古代驯养的鹰指同科的鹞、雕、隼等猛禽，由捕获的雏禽驯习而成。

鹰供猎用早于鹅鸭的驯化，据《礼记·月令》中记载，每年夏季为训练鹰的时期，为秋季出猎做准备。可见至迟在公元前700年前，鹰已被用于狩猎。

隋炀帝时，应征到京的鹰师达万余人。唐代宫中还设置鹘坊、鹞坊和鹰坊等，与犬马配合供皇室狩猎用。元代仅大都、真定等京畿地区即设有打捕鹰坊

■ 汉代釉陶鸡

《鸽经》 是我国已知最早的一部记载鸽子的专著，作者系清代张万钟。《鸽经》成书时间在1604年至1614年。书中详述了鸽子的鉴别，同时还扼要地谈到了饲养卫生和鸽病防治，而对各种形状的鸽子品种叙述得更为精详。它是我国古代劳动人民勤劳和智慧的结晶，在我国养殖史上具有重要意义。

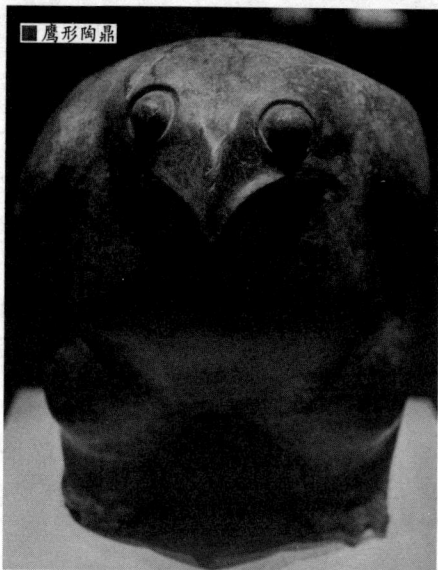
鹰形陶鼎

2300多户，各行省还设有猎户鹰坊4400余户，鹰坊官是蒙古族世袭职。

养鹰技术在唐代已相当成熟。乾陵懿德太子墓壁画中，有3幅鹰鹞傲立在人手臂上的生动图像；唐《酉阳杂俎》中有"取鹰法"一节，《新唐书·艺文志》中有《鹰经》一卷，都是重要的养鹰文献。

鸬鹚至迟在1000多年前已有驯养，用于捕鱼。据《隋书·倭国传》中记载，我国养鸬鹚捕鱼都见于隋代，实际利用鸬鹚的历史可能更早，但唐代以后才有较多的记载。

蜀人谓鸬鹚为鸟鬼，临水边皆养此鸟，用绳子系其颈，训练入水捕鱼。法皇路易十三行宫中养过鸬鹚，据说是17世纪初由耶稣会教士从中国传去的。

鹤有多种，而以丹顶鹤最珍贵。在我国古代文献中关于鹤的记载很早。《周易·中孚》中说"鹤鸣在阴"，意思是鹤在山的北面鸣叫。《诗经·小雅》中有《鹤鸣》二章，也提到鹤。

三国时期陶鸭笼

鹤有"仙鹤"之称，寿命殊长，历来把它当作长寿的象征。虽是野生，也能驯养，而且能与人亲近。

雉是最古老的猎物之一。传说少昊氏以鸟纪官，

明清时代彩绘陶鸭

即以雉作为图腾的标志。《尔雅》曾根据产地和羽色纹彩的不同，定出各种雉名。汉高祖的吕后名雉，为避讳，从此改称野鸡。

竹鸡古称山菌子，形似鹌鹑。属鸡形目，雉科。该鸟羽色艳丽。

唐代陈藏器《本草拾遗》记载：

山菌子生江东山林，状如小鸡，无尾。

《本草纲目》进一步考证竹鸡出于四川、广东一带。我国驯化饲养的竹鸡曾被日本引去，后来移植到日本各地。

阅读链接

鹅是被人们很早就饲养、驯化的"家禽"，由于它具有体态洁美、性格温顺、忠实主人、通解人意等优点，赢得了许多人的喜爱。历史上爱鹅最为著名的，就属东晋时期的大书法家王羲之了。据说，他听说会稽有一个老妇人养了一只善鸣的鹅，就亲自登门观看。

王羲之非常喜爱鹅，长久地观察体验，从鹅的动态中获取了书法结构布局的灵感，尤其是从鹅长颈的线条动态，得到了运笔、行气的启发。养鹅、观鹅、写字，王羲之乐此不疲。

古代兽医

我国古代兽医的出现和兽医行业的发展，全程伴随古代畜牧业的发生发展史，并逐渐形成了中兽医学理论完整的学术体系。

数千年来，它一直有效地指导着兽医临床实践，并在实践中不断得到补充与发展。

中兽医及其学术理论，从先秦时的最初积累开始，中经秦汉至宋元的不断总结，到明清时最终形成体系，其间遗留的中兽医学专著十分丰富，对病畜的理、法、方、药、针以及各种病症各有阐述。此外，相畜学说也在历史上占有一定地位。

先秦时期的兽医活动

　　我国的畜牧生产出现在有文字记载之前。当畜产品成为人们重要的生活来源时，如果畜群受到疾病的侵袭，人们必然利用已获得的治人病的知识试治兽病。这样就产生了原始的兽医活动。

　　先秦时期是我国兽医学知识的积累和初步发展的时期。兽医的活动最先受到人类自身医疗经验的影响，后来出现了巫与医并存的现象。

　　自从西周时专职的兽医出现后，兽医活动便开始向更加专业的方向发展了，进入了我国古代兽医学的奠基阶段。

■先秦时期的青铜家畜

我国是世界四大古医药起源地之一，又是世界农业起源中心之一，而兽医则是兼顾二者的专门职业。随着畜牧业的生产和发展，原始的兽医活动成为时代所必需。

我国在很久以前就有兽医的活动。山东省博物馆陈列有大汶口文化遗存中发掘出来的骨针，共有大小不一的6枚。这些骨针一端尖锐，一端粗圆，并无针眼，骨锥长的14厘米，短的七八厘米，形似兽医用的圆利针。

■古代兽医用的骨针

考古专家认为，这些骨针是用家畜骨磨制成的，是畜牧生产的副产品，由此说明该时期以针刺治畜病是有根据的。

传说黄帝时期，有马师皇善治马病，曾用针刺唇下及口中，并以甘草汤饮之治愈畜病。

事实上，兽医药物就是在人体用药的基础上，加上对动物的直接观察而开始被应用的。

从《黄帝内经·素问·异法方宜论》中可知，我国在古代便提出了因地制宜的医疗经验。如该书中指出：东方的砭石，南方的九针，北方的灸疗，西方的药物等，这些都是根据当地实际情况，就地取材治疗畜病。并对原始兽医药因地制宜、防治家畜疾病，也曾产生过影响。

夏商时期，我国进入奴隶社会。由于人们这时已

《黄帝内经》是由古代医家医学理论家托黄帝名联合创作，一般认为成书于春秋战国时期。它以黄帝、岐伯、雷公对话、问答的形式阐述病机病理，主张不治已病，而治未病，同时主张养生、摄生、益寿、延年。我国传统医学四大经典著作之一，是也是现存成书最早的一部医学典籍。

■ 先秦时期的青铜家畜

古代畜牧与古代渔业

类书 是指古代的"数据库"一类的书。我国古代一种大型的资料性书籍，辑录各种书中的材料，按门类、字韵等编排以备查检，例如《太平御览》《古今图书集成》。古人把著作分为经、史、子、集四部。类书非经非史、非子非集，不能算著作。

经获得了一定的自身疗病经验，所以就把治病人的经验借鉴到医治病畜的活动中。

这一时期，出现了巫和医同时存在的现象。在古代，巫是一个崇高的职业，被认为是通天晓地的人。战国以前，医被操于巫之手，医、巫不分，巫就是医，医就是巫。因此，"医"字从"巫"而作"毉"，又以"巫医"为称，因为巫本掌握有医药知识，并常采药以用，特以舞姿降神的形态祈福消灾，为人治病。

巫之为人治疗疾病，由来已久。宋代李昉等学者奉敕编纂的类书《太平御览·方术部二·医一》，曾经引用记载上古帝王、诸侯和卿大夫家族世系传承的史籍说："巫咸，尧臣也，以鸿术为帝尧之医。"巫咸是占卜的创始者，尧帝的大臣，他凭借高超的方术为舜帝治病。

远古时期的巫医是一个具有两重身份的人，既能交通鬼神，又兼及医药，是比一般巫师更专门于医药的人物。殷周时期的巫医治病，从殷墟甲骨文所见，在形式上看是用巫术，造成一种巫术气氛，对患者有安慰、精神支持的心理作用，真正治疗身体上的病，还是借用药物，或采取技术性治疗。

巫医的双重性决定了其对医药学发展的参半功

过。到后来的春秋时，巫医正式分家，从此巫师不再承担治病救人的职责，只是问求鬼神，占卜吉凶。而大夫也不再求神问鬼，只负责救死扶伤，悬壶济世。

河北藁城商代遗址中发掘出郁李仁、桃仁等中药证明当时巫和医是并存的。甲骨文中还有一些象征去势的字，表明殷商的畜牧生产已对家畜产品作品质的改进。

商代的兽医已利用青铜针、刀进行外科手术。安阳殷墟妇好墓出土的玉牛，鼻中隔上穿有小孔，表示已发明了穿牛鼻技术。

西周时，专职兽医开始出现。当时，家畜去势术有进一步的发展。在《周易》中，已指明去势的公猪性情已变得温顺。

据《周礼·夏官》中记载，朝廷每年早春即下达"执驹"，而在夏天则"颁马攻特"，即将不作种用的公马定期进行去势。

巫咸 （前1638年—前1563年），甲骨文巫咸写作"咸戊"。江苏常熟人。他擅长卜星术，用蓍占卜的创始者，是神权统治的代表人物。巫咸还发明了航海方面的"牵星术"。巫咸去世后葬于常熟虞山。常熟虞山三圣：仲雍、言子、巫咸。

■古代兽医用具

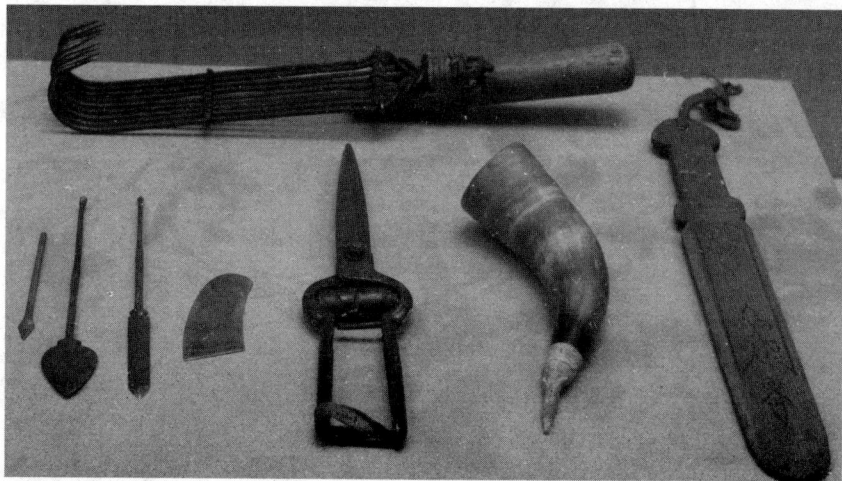

■秦始皇兵马俑战车

养殖史话

古代畜牧与古代渔业

造父 嬴姓。周
穆王时人。其祖
先伯益为颛顼
裔孙，被舜赐姓
嬴，造父为伯益
的九世孙。公元
前960年，造父
为周穆王御车，
因功被封到赵城
后，以邑为氏，
这是赵姓由来。
几十年后，造父
的侄孙非子又因
功封于犬丘，为
之后秦国始祖。

《周礼》等古文献中记载有100多种人畜通用的天然药物及采集草药的时期。

在西周时期，有一位畜牧兽医名人造父。他具有高深的兽医技术，善治马病，留下了刺马颈放血为马解除暑热的传说。放血疗法是我国中兽医学的传统疗法之一。

春秋战国时期，畜牧兽医的科学技术有了较大的发展。尤其是战国时期，已有专门诊治马病的"马医"。马医是专治马病的兽医。

据《列子·说符》中记载，齐国有个穷人，经常在城中讨饭。城中的人讨厌他经常来讨饭，没有人再施舍给他了。于是他到了田氏的马厩，"从马医作役而假食"，就是跟着马医干活而得到一些食物。

春秋战国时期兽用药物，也在根据人用药物进行分类。当时人药物分草、木、虫、石、谷5类，并分为以五毒攻病、五味调病、五气节病、五谷养病等治疗原则。这些经验，常常被兽医尤其是马医所借鉴。

当时的马医在治疗马的内科病时，已经掌握了用水煎剂灌服的技术，还掌握了外科病用涂敷药或去其坏死组织的办法。

事实上，我国最早记有"兽医"一词，就出现在战国时期的《周礼》，其中记载：

> 兽医掌疗兽病，疗兽疡。凡疗兽病，灌而行之，以节之，以动其气，观其所发而养之。凡疗兽疡，灌而行之，以发其恶，然后药之，养之，食之。

意思是说：兽医的职掌是治疗内外科兽病。治疗内科病，采用口服汤药，缓和病势，节制它的行动，借以振作它的精神，然后观察它的表现和症状，妥善调养。治外科病，也是服药，并且要手术割治，把脓血恶液排除，然后再用药治，让它休养，并注意调养。

这个记载说明，战国时期的兽医技术已经比较发达，不仅已经有了内科外科的区分，而且制订了诊疗程序，并且重视护理。

阅读链接

西周畜牧兽医造父不但兽医技术高深，还以善于驾车著名。传说他在桃林一带得到8匹骏马，调训好后献给周穆王。周穆王配备了上好的马车，让造父为他驾驶，经常外出打猎、游玩。

有一次西行至昆仑山，见到西王母，乐而忘归，而正在这时听到徐国徐偃王造反的消息，周穆王非常着急。在这关键时刻，造父驾车日驰千里，使周穆王迅速返回了镐京，及时发兵打败了徐偃王，平定了叛乱。

由于造父立了大功，周穆王便把赵城赐给他，自此以后，造父族就称为赵氏，为赵国始族。几十年后，造父的侄孙子非子又因功封于犬丘，为之后秦国始祖。

秦汉至宋元兽医的发展

秦汉至宋元，时间跨度漫长，科技进步巨大，是我国封建社会发展的重要时期。兽医行业在此期间有了极大发展，取得了历史性成就，在我国兽医兽药史上占有重要地位。

秦汉至宋元时期，是中兽医学知识不断总结和学术体系形成及发展的时期。秦汉时"牛医"的出现和《神农本草经》的问世，标志着兽医技术的进一步发展。

魏晋南北朝时期，北方游牧民族入主中原，使畜牧业有进一步发展。宋金元时期，是我国兽医技术和学术以补充、阐释为主的发展阶段，同时开兽医院之先河。

■东晋名医兼兽医葛洪

秦汉时期，民间不仅有专治马病的马医，当时还出现了因耕牛的发展而出现专职的"牛医"。秦代已制定畜牧兽医法规《厩苑律》，在汉代改名《厩律》。

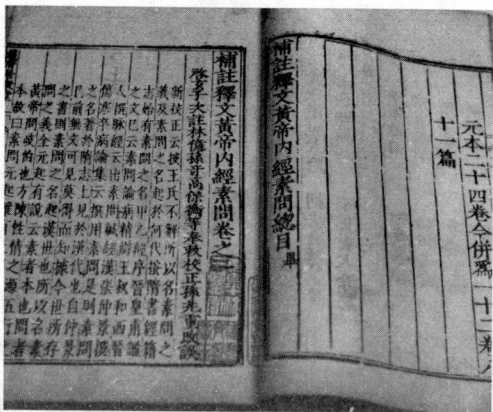

■ 古代医学书籍

东汉末期出现了《神农本草经》，该书收藏药物365种，它是我国最早的一部人畜通用的药学专著。

《神农本草经》依循《黄帝内经》提出的"君臣佐使"的组方原则，也将药物以朝中的君臣地位为例，来表明其主次关系和配伍的法则。

《神农本草经》对药物性味也有了详尽的描述，其指出寒热温凉四气和酸、苦、甘、辛、咸五味是药物的基本性情，可针对疾病的寒、热、湿、燥性质的不同选择用药。

寒病选热药，热病选寒药，湿病选温燥之品，燥病须凉润之流，相互配伍。并参考五行生克的关系，对药物的归经、走势、升降、浮沉都很了解，才能选药组方，配伍用药。

《神农本草经》中有些药指明专用于家畜。在《居延汉简》《流沙坠简》以及《武威汉简》中，均有医治马牛病的处方。

汉中山墓中出土了治病用的金针、银针和铁制的九钍。《盐铁论》中已提到用皮革保护马蹄。

从长沙汉墓中还发现《相马经》。根据史书记

《神农本草经》

简称《本草经》或《本经》，是我国现存最早的药物学专著。成书于东汉，它并非出自一时一人之手，而是秦汉时期众多医学家总结、搜集、整理当时药物学经验成果的专著，是对中国中草药的第一次系统总结。其中很多内容被誉为中药学经典著作。

■ 名医葛洪画像

古代畜牧与古代渔业

马援（前14年—49年），字文渊。扶风茂陵人。东汉开国功臣之一，因功累官伏波将军，封新息侯。马援为刘秀的统一战争立下了赫赫战功。天下统一之后，马援虽已年迈，但仍请缨东征西讨，西破羌人，南征交趾，其"老当益壮""马革裹尸"的气概甚得后人的崇敬。

载，汉代还出现铜制的良马标准模型，立于京城东门外，有马援制的铜马模式。

魏晋南北朝时期，北方游牧民族入主中原使畜牧业有了进一步的发展，为畜牧业服务的兽医学随之有进一步的发展和提高。

东晋名医葛洪著的《肘后备急方》中有治六畜诸病方，对马驴役畜的十几种病提出了疗法。从用灸熨术治马羯、鼓胀等，可知当时针灸治疗的广泛应用，当时已提出试图用狂犬的脑组织敷咬处治狂犬病。

北魏贾思勰著《齐民要术》一书，其中有畜牧专卷，并附一些供牧人等采用的应急疗法、疗方48种，应用于26种疾病。

如用掏结术治粪结，用削蹄和热烧法治漏蹄，用无血的去势法为羊去势，犍牛法阉割公牛，给猪去势以防感染破伤风症的方法，以及关于家畜大群饲养时怎样防治疫病的发生和进行隔离措施，反映了当时的兽医技术水平已相当高。

隋代兽医学的分科已经更加完善，而且在病症的诊治、药方和针灸等方面都有专著。隋代开始设立兽医博士，唐代因循隋制，在太仆寺中设兽医博士4人，教育生徒百人。

另外，在太仆寺系统中设兽医600人。

由于唐代有一个完整的兽医教育体制和兽医升迁制度，使唐代的兽医学术得到迅速发展。

唐代的司马李石采集当时的重要兽医著作，编纂成《司牧安骥集》4卷。前3卷为医论，后1卷为药方，又名《安骥集药方》。

《安骥集药方》是我国现存最古老的兽医学专著，也是自唐到明约1000年间兽医必读的教科书。书内共录药方144个，按功效分为15类，分类方法尚未达到五经分类的水平。

该书对于我国兽医学的理论及诊疗技术有着比较全面的系统论述，并以阴阳五行作为说理基础，以类症鉴别作为诊断疾病的基础，八邪致病论是疾病发生

阴阳五行 阴阳五行学说是我国古代朴素的唯物论和自发的辩证法思想，它认为世界是物质的，物质世界是在阴阳二气作用的推动下滋生、发展和变化的；并认为木、火、土、金、水5种最基本的物质是构成世界不可缺少的元素。它对中医学理论体系的形成和发展，起着极为深刻的影响。

六畜兴旺 古代兽医

■ 东汉彩绘战马

的原因，脏腑学说是家畜生理病理学的基础。

为了保障畜牧业的发展，唐代制定了有保护牲畜的法规。少数民族集中的边疆地区，兽医学有新的发展。在西藏且出现了藏兽医，著作有《论马宝珠》《医马论》等。在新疆吐鲁番的唐墓中曾发掘出《医牛方》。

唐高宗时颁布我国人畜通用药典《新修本草》，内载药物844种，并有标本图谱。它是世界是最早的药典。

日本兽医平仲国于唐贞元年间来我国长安留学，回国后对日本兽医界产生深远影响，形成"仲国流"的兽医学派。

宋金元时期我国兽医学是以补充、阐释为主的发展阶段。北宋采用唐代的监牧制度，并在1007年设置专门医治病马的机构，这是我国兽医院的开端。

1103年，宋朝规定病死马尸体送"皮剥所"，它是类似尸检的剖检机构。这是我国官办最早的兽医专用药房。

据《宋史·艺文志》中记载，宋代有《伯乐针经》《安骥集》《安

西晋战马俑

■晋代陶马

骥集药方》《贾躯医牛经》《贾朴牛马》《马经》等有关兽医的著作。

元朝是以牧起家，对牲畜疫疾的防治相当注意。元代的《痊骥通玄论》中，有阐释治疗马粪结症的起卧入手歌，对结症的诊断治疗有明显的发展和提高。其中，《点痛论》总结出诊断马肢蹄病的跛行诊断法，是创新的总结。

《痊骥通玄论》还进一步阐释、发展了五脏论等中兽医基础理论，为传统中兽医学的发展和提高做出了贡献。

阅读链接

东汉开国功臣之一的马援曾在位于现在甘肃庆阳西北的地郡畜养牛羊。时日一久，不断有人从四方赶来依附他，他手下就有了几百户人家，他就带着这些人游牧于现在的甘肃、宁夏、陕西一带。

马援种田放牧，能够因地制宜，多有良法，因而收获颇丰。当时，共有马、牛、羊几千头，谷物数万斛。

马援过的虽是游牧生活，但胸中之志并未稍减。他常常对宾客们说："大丈夫立志，穷当益坚，老当益壮。"

后来，他追随汉光武帝刘秀，立下赫赫战功。

明清时期兽医学成就

在明清时期，是我国封建社会发展的高峰时期，科技方面不乏集大成者，而中兽医学领域在继承和总结前代成果的同时，在某些方面也取得了十分丰硕成果。这些兽医学成果是祖国兽医学宝库中一个重要组成部分。

在这一时期，编著刊行了许多中兽医学的著作，形成了我国古代中兽医学术体系。在中兽医方剂学、传统兽医针灸学、家畜传染病和寄生虫病的防治、兽医外科等方面颇有建树。

■兽医看病图

明朝廷对兽医学的发展给予较大的重视。《永乐大典》有汇编成的《兽医大全》，成化年间兵部编纂了《类方马经》6卷，后来太仆寺卿杨时乔主编了《马书》14卷和《牛书》12卷。

明朝廷由于政治军事上的需要，大力开展在长江下游六府二州养马，并几次规定要培训基层兽医，名兽医喻本元、喻本亨等就是在此条件下出现的。

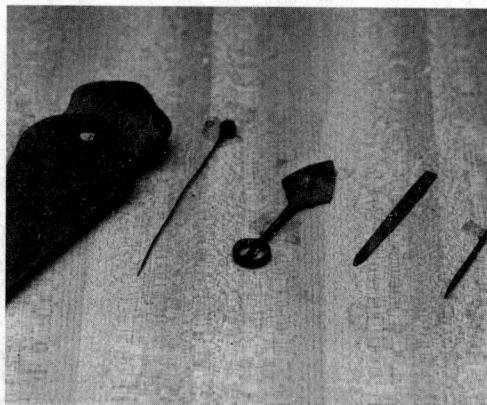

■兽医手术刀

喻本元、喻本亨兄弟二人合著的《元亨疗马集》《元亨疗牛集》，于1608年刊刻问世，由兵部尚书丁宾作序。书中的理论体系和临床实践紧密结合，以指导临床实践，成为自明以后马疾治疗学的经典著作，影响深远。

朝鲜人赵浚等根据元代中兽医书编成《新编集成马医方》和《新编集成牛医方》，成书于1399年，现存版本为1633年版。此书罕见，可谓一套珍贵资料。

此两部医方是赵浚等集体用汉文编写的。著书中引证了不少我国的古兽医经典著作，约7万字，全书共为64小节，附图47幅。内容包括马医方及牛医方两大部分，内容丰富。

比如马医方内容，有良马相图、良马旋毛之图、相马捷法、相齿法、养马法等畜牧方面的内容，还有放血法、点痛论、姜牙论、十八大病、五劳论等兽医

杨时乔（1531年—1609年），字宜迁，号止庵，江西上饶人。明代太仆寺卿，吏部尚书。他为官勤为百姓办事，深受百姓爱戴。此外，他所著《马书》中有关中兽医的许多论述，对当时兽医技术的提高很有价值。

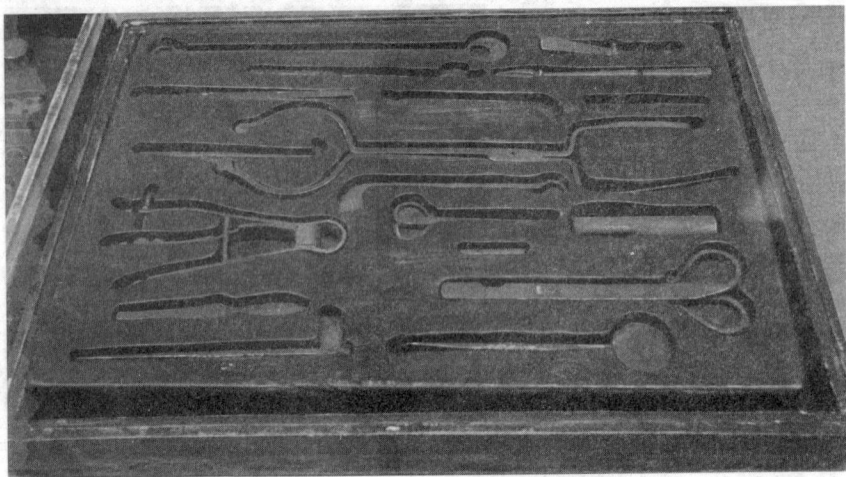
■ 古代医马工具

养殖史话
古代畜牧与古代渔业

赵学敏 （约
1719年—1805
年），字依吉，
号恕轩，浙江杭
州人。清代医学
家。他对星历、
医术、药学之
书，无不潜心研
究，每有所得，
即汇抄成帙，积
稿数千卷。所著
《串雅内编》《串
雅外编》各4卷，
其1000多条方或
法，是了解我国
古代走方医的重
要史料。

方面的内容。

清代初期，由于农耕需要牛，牛病学得到较大发展。1667年重刻《元亨疗马集》时，将《水黄牛经合并大全集》和《驼经》并入成为一书，就是适应当时的时势要求。

后来重编时加上《安骥集》等古书的部分内容，删去《碎金四十七论》中的21论，编成马经大全6卷，牛经大全2卷，驼经1卷，命名为《马牛驼经全集》，近代流行的多是这部书。因由许锵作序，内容主要来自《元亨疗马集》，简称"许序本"。

1758年，清代医药学家赵学敏编著的《串雅》，分《串雅内编》和《串雅外编》。它是我国历史上第一部有关民间走方医的专著，揭开了走方医的千古之秘。其中的《串雅外编》还特列出医禽门、医兽门和鳞介门。

清乾隆时期兽医学家郭怀西，于1785年著《新刻注释马牛驼经大全集》。这本书对《牛经大全》进行全面的修改和补充，虽名"注释"实际上是新作。此书继承并发展了《元亨疗马集》的内容，在我国畜牧兽医史上占有重要地位。

《新刻注释马牛驼经大全集》是对《元亨疗马集附牛驼经》的注释本，简称《大全集》。纵观两书全貌，可以看出，《大全集》是作者结合50余年医疗实践，对《元亨集》进行大量删改和补充。

综合了以前丁序、许序等版本的内容，又增列、贯注了《黄帝内经》《通元论》《渊源塞要》《疗骥全书》《安骥全集》等内容，从而在深度和广度上发展了《元亨集》，反映了清代祖国兽医学发展概貌。

清乾隆朝太仆寺正卿李南晖编写的《活兽慈舟》以黄牛、水牛病为核心，且选编了马病篇、猪病篇、羊病篇、狗病篇、猫病篇。

■ 明清时期的马驮

李南晖（1709年—1784年），字仲晦，号青峰，又号西海云樵，甘肃通渭人。乾隆帝追封他为太仆寺正卿。李南晖知识渊博，望重乡里，时人称"南晖李爷"。所著《活兽慈舟》对治疗牛病、马病、猪病、羊病等有一定参考价值。

清代嘉庆初年，著名中兽医傅述风于1800年编著的《养耕集》问世，对牛体针灸术有进一步的补充和发展。全书着重记载了作者数十载的实际诊疗经验，并继承和发扬了中兽医的传统思想和方法，不论在理论上或在临床经验上均有独到见解，对当时及后世兽医学发展都产生了较大影响。

《养耕集》分上下两集，上集讲针法，下集备录方药。针不能到者，以药到除病；药不能及者，以针治病；针药兼施，相得益彰。

《养耕集》上集中对牛体针灸穴位图做了修正和补充，并分述40多个穴位的正确位置、入针深浅和手法，以及各穴主治的病症。

还分别论述了吊黄法、破牛黄法、火针法、烫针法、透火针法、皮风发表针法、出血针法、咳嗽针法、失中腕针法、治拓腮黄针法等20余种对应的特殊针灸方法。

在此书问世前，我国仅有一幅"牛体穴位名图"，缺乏文字叙述，本书填补了这个空白，使牛体针灸学形成一个完整体系。

《养耕集》下集列病症98种和各症的方药治法。方中常选用几味当地的草药，并根据鄱阳湖地区气候变化开列四季药物统治的处方。

■ 明清时期的马蹬子

在《养耕集》之后，《牛医金鉴》《抱犊集》《牛经备要医方》《大武经》《牛马捷经歌》等方书相继出现。随着当时养猪业发展的需要，《猪经大全》也编成刊行。

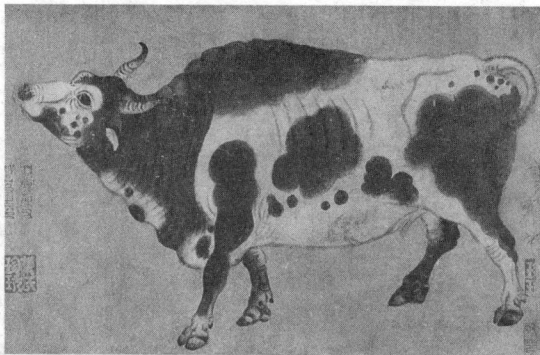
■《五牛图》局部

至此，我国中兽医的医疗对象已扩展到各种家畜和家禽。中兽医学的特有理法方药体系和辨证施治原则且得到进一步的深化和发展，并形成了我国古代完整的中兽医学术体系。

明清时期，除了编著刊行许多中兽医学著作以外，在中兽医方剂学、传统兽医针灸学等方面也颇有建树。

中兽医方剂学在明清两代发展到了高峰。乾隆以后，中兽医诊疗对象由马转向牛，以治疗马病为主的马剂方书衰落了，代之而起的是以治疗牛病为对象的疗牛方剂书的大量涌现。

比如《新编集成马医方》，这是目前人们所知的第一部由朝鲜人编集的中兽医著作，作为中朝两国人民文化交流的价值远超其学术和史料价值。

再如《新编注释马驼经大全集》，其中"临时变通"的处方方法是兽医方剂学理论的一大突破，在兽医方剂发展史上占有重要的地位，对后世处方药产生了很大影响，发展和完善了中兽医方剂理论。

方书 是指专门记载或论述方剂的著作。所谓方书，即方剂学著作，传统上习惯称为"方书"，意即专门收载方剂的著作，或以方剂为主要内容的著作。如清汪昂的《医方集解》、鲍相璈的《验方新编》等。虽以"方"为书名，实际上包括基础医学及临床分科。

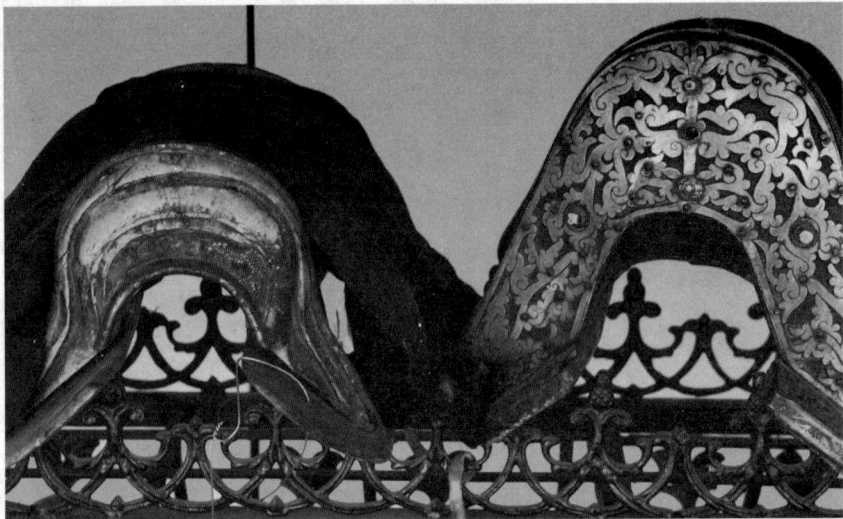

■ 古代的马蹬子

牛眼虫 是由吸吮线虫寄生于牛的眼结膜囊、瞬膜下而引起的牛眼虫病，若寄生在泪管内也能引发眼虫病。这种牛的眼虫病可使牛结膜和角膜发炎，由于有黏液或分泌物渗出，多发生糜烂，眼发痒发干，灼热，羞明，畏光，如得不到及时治疗常致牛失明。春季是牛眼虫病春防春治的大好时机。

在传统兽医针灸学方面，明清时期达到鼎盛，从理论到实践有明显的突破和较大的发展。马体针灸在明代发展较突出，牛体针灸在清代发展较突出。

比如《元亨疗马集》，其中的针灸治疗方法已采用组穴，有协同作用和相辅相成。再如《养耕集》，它对各穴位置和主治病症均有明确记载。对多种病症设立针法，并对牛的特有病设立针法。

对家畜传染病和寄生虫病的防治，明清时期也有很多成就。我国传统医药学在明代进入全面总结和创新时期，有许多著名著作问世。

兽医对家畜传染病的认识有进一步发展，虽未形成专论和专著，但对那些能获得治疗效果或痊愈的传染病，有独到的见解和治法。

清代，中兽医对马病的防治经验由于内地保留了一定数量的马而被延续。由于牛耕的发展，对牛病的医疗和防治较前有了明显的发展和提高。

明代时期对寄生虫的认识发展不大，仍以肉眼可见的外寄生虫为主。明清时期主要对蛲蟞、牛眼虫、胃肠道寄生虫以及虱的研究有所发展。

至于明清时期的兽医外科，兽医本草学在明代仍然与人医不分。兽医外科学在明代仍以针刀巧治12种病为主，对各种家畜家禽的雄性去势，对母畜摘除卵巢术，特别是大小母猪摘除卵巢术已普遍施行。

明代的兽医外科在元代的基础上有进一步的发展和成就。关于外科手术，明代总结出12种巧治法，即12种外科手术疗法。

在明代始见的有腹腔3种手术疗法。肛门、尿道两种手术疗法。古人把兽医外科手术列在针灸疗法中，反映兽医外科学的发展当时尚未达到成熟阶段。

清朝于1905年始建的京师大学堂的农科大学，当时在专科专业设置方面，有兽医寄生虫学与寄生虫病学、兽医内科学、兽医外科学、兽医病理学、传染病学与预防兽医学、兽医药理学与毒理学、中兽医学等。

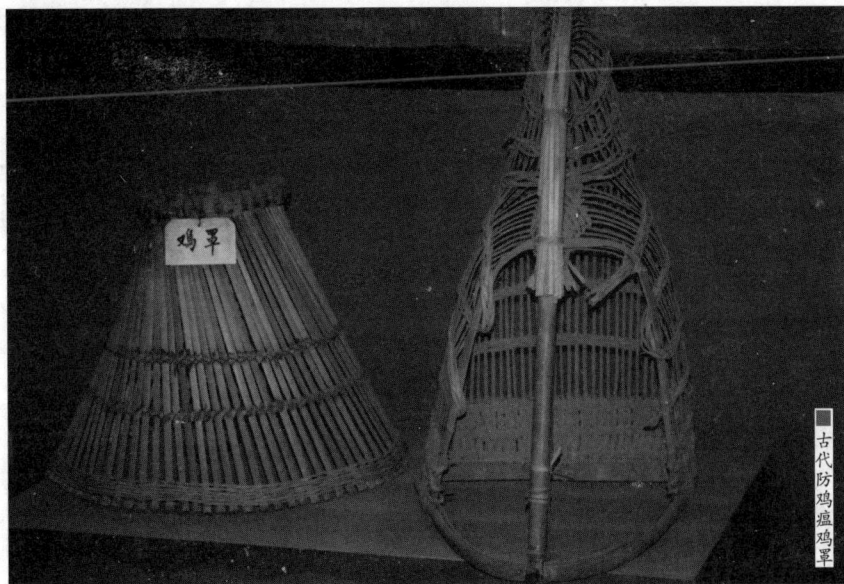

古代防鸡瘟鸡罩

其中的兽医外科学，主要包括兽医外科手术和兽医外科疾病两部分内容。可见较明代已有显著发展。

此外，明清时期的兽医已经有较为成熟的养马保健意识。比如明代实行"看槽养马"的保健制度，每群马配一名专职兽医。兽医首先须鉴别马群中的病马，并将其剔除出来，然后辨别是何病何症，对症下药。

阅读链接

清代医学家赵学敏的父亲曾任永春司马，迁龙溪知县，赵学敏承父命读儒学医。

赵学敏年轻时，无意功名，弃文学医，对药物特别感兴趣，广泛采集，并将某些草药作栽培、观察、试验。他除了著成《串雅》一书外，还著有《本草纲目拾遗》10卷。

《本草纲目拾遗》全书按水、火、土、金、石、草、木、藤、花、果、谷、蔬、器用、禽、兽、鳞、介、虫分类，辑录《本草纲目》中未收载的药物共716种，极大地丰富了我国古代的中药学的内容。

起源古老的相畜学说

　　相畜学说在我国是一门古老的科学，它的起源远在没有文字记载以前。古时根据牲畜的外形来判断牲畜的生理功能和生产性能，以此作为识别牲畜好坏和选留种畜的依据，是古时相畜学说的主要内容。

　　相畜属于以自然选择为基础的经验型人工选择。在我国古代的相畜学家有很多，如春秋时期的宁戚和孙阳，汉代的荥阳褚氏，唐代的李石等，他们都编写了许多相畜专著。古时的相畜学说对于后世家畜品质的提高，起到了很大的促进作用。

■ 古代良马瓷器

宁戚是春秋时齐国大夫。他出身微贱，早年怀才不遇，曾为人挽车喂牛。直到有一天得遇慧眼识英才、不拘一格选人才的齐桓公和管仲，才被重用。他与管仲、鲍叔牙等一起辅佐齐桓公建立了"九和诸侯，一匡天下"的赫赫霸业，使齐桓公成为"春秋五霸"之首。

■ 宁戚画像

春秋战国时期，由于诸侯兼并战争频繁，军马需要量与日俱增，同时也迫切要求改善军马的质量。当时也是生产工具改革和生产力迅速提高的一个时期，由于耕牛和铁犁的使用，人们希望使用拉力比较大的耕畜。

这种情况，促进了我国古代相畜学说的形成和发展。春秋战国时期已经有很多著名的相畜学家，最著名的要算春秋时期卫国的宁戚了。

宁戚著有《相牛经》，为我国最早畜牧专著，这部书虽早已散失，但它的宝贵经验一直在民间流传，对后来牛种的改良起过很大作用。

宁戚对牛是情有独钟的，他喂过牛，仕齐后又大力推行牛耕代替人耕技术，提高了耕作效率，促进了农业发展。

齐国丰富的养牛经验，带动了养牛业的发展。战国时，齐将田单被困在即墨，竟能在久困的城内收得千余头牛，以火牛阵打破燕军，足见当时平度养牛业的发达。

宁戚以《饭牛歌》说齐桓公，其中就有"从昏饭牛至夜半，长夜漫漫何时旦"的词句。"饭牛"就是喂养牛的意思。常言道："蚕无夜食不长，马无夜草不肥。"大牲畜要在夜里添刍料，宁戚的歌反映了齐地所积累的养牛经验。

与相牛相比，春秋时期的相马的理论和技术成就更大，有过很多相马学家。而当时的伯乐就是我国历史上最有名的相马学家，他总结了过去以及当时相马家的经验，加上他自己在实践中的体会，写成《相马经》，奠定了我国相畜学的基础。

伯乐的真实姓名叫孙阳，是春秋时期郜国人。在当时的传说中，有一个天上管理马匹的神仙叫伯乐。由于孙阳对马的研究非常出色，人们便忘记了他本来的名字，干脆称他为伯乐。

■伯乐铜像

春秋时期随着生产力的发展和军事的需要，马的作用已十分凸显。当时人们已将马分为6类，即种马、戎马、齐马、道马、田马、驽马，养马、相马遂成为一门重要学问。孙阳就是在这样的历史条件下，选择了相马作为自己终生不渝的事业。

孙阳从事相马这一职业时，还没有相马学的经验著作可资借鉴，只能靠比较摸索、深思探究去发现规律。孙阳学习相马非常勤奋，据《吕氏春秋·精通》记载：

　　孙阳学相马，所见无非马者，诚乎马也。

少有大志的孙阳，认识到在地面狭小的郜国难以

齐桓公（？—前643年），姜姓，名小白。春秋时代齐国的第十五位国君。在位期间任管仲为相，推行改革，实行军政合一、兵民合一的制度，齐国逐渐的强盛。后召集宋、陈等四国诸侯会盟，齐桓公是历史上第一个充当盟主的诸侯。

古代畜牧与古代渔业

■秦穆公塑像

杨慎（1488年—1559年），字用修，号升庵，后因流放滇南，故自称博南山人、金马碧鸡老兵。明代文学家，著名的大才子之首。其著述之富，终明一世可推为第一。能文、词及散曲，论古考证之作范围颇广。著作达百余种。后人辑为《升庵集》。

有所作为，就离开了故土。历经诸国，最后西出潼关，到达秦国，成为秦穆公之臣。

当时，秦国经济发展以畜牧业为主，多养马。特别是为了对抗北方牧人剽悍的骑士，秦人组建了自己的骑兵，因此对养育马匹、选择良马非常重视。

孙阳在秦国富国强兵中立下了汗马功劳，并以其卓著成绩得到秦穆公信赖，被秦穆公封为"伯乐将军"，随后以监军少宰之职随军征战南北。伯乐在工作中尽职尽责，在做好相马、荐马工作外，还为秦国举荐了九方皋这样的能人贤士，传为历史佳话。

伯乐经过多年的实践、长期的潜心研究，取得丰富的相马经验后，进行了系统的总结整理。他搜求资料，反复推敲，终于写成我国历史上第一部相马学著作《相马经》。书中有图有文，图文并茂。

伯乐的《相马经》长期被相马者奉为经典，在隋唐时代影响较大。后来虽然失传，但蛛丝马迹在诸多有关文献中仍隐隐可见。

《新唐书·艺文志》中载有伯乐《相马经》一卷；唐代张鷟写的《朝野佥载》、明人张鼎思著《琅琊代醉编·伯乐子》和杨慎著《艺林伐山》中均有大致相同的记载。

到了西汉时期，我国相畜学说已有《相六畜》38卷，大多是集春秋、战国时期相畜专著而成，虽早已失传，但散见于后世古农书中的有关内容。

汉代荥阳褚氏分别是相猪和相牛的名手。相牛和相禽也有专门著作。后来在山东临沂县银雀山西汉前期古墓中发现的《相狗经》竹简残片，也说明了当时相畜技术的发展和对家畜选种的重视。

魏晋时期，相马术、相牛术有显著发展。通过马体外形与内部器官的关系，来鉴别马匹。相马之人普遍认为，马匹的优劣和内部器官有密切关系，而内部器官的状况又可以从马体的外形中得到反映，因而提出了一个由表及里的"相马五藏法"。

张鷟 （约660年—740年），字文成，自号浮休子，深州陆泽（今河北深县）人。唐代小说家。是当时有名的文章高手，水部员外郎员半千称如成色最好的青铜钱，万选万中，他因此赢得了"青钱学士"的雅称。这个雅号后代成为典故，成了才学高超、屡试屡中者的代称。

■古人相马图

养殖史话

古代畜牧与古代渔业

　　"相马五藏法"注意到体表外貌与内部器官之间、结构与功能之间的相关性，并由此来推断马的特性及其能力，反映了我国古代家畜外形鉴定技术已趋向成熟。

　　关于牛的品种鉴定，贾思勰的《齐民要术》中也有所论述。相牛有详细的标准：头不用多肉，臀欲方，尾不用至地……尾上毛少骨多者，有力，膝上缚肉欲得硬。即是说良好的牛，头部肉不应过多，臀部要宽广，尾不要长到拖地。尾巴上毛少骨多的，有力。膝上的缚肉要硬实。角要细，横生、竖生都不要太大。身躯应紧凑。形状要像"卷"的一样。

　　相猪的标准是：好母猪应是嘴巴短面部无软毛的。可见相牛、相猪的经验也积累得比较丰富。

　　《齐民要术》中还阐述了对马的外形鉴定，先是淘汰严重失格和外形不良者，再相其余。实际进行相马时，不仅要有整体观念，而且马体各个部位要有明确的要求。

即"马头为王，欲得方；目为丞相，欲得光；脊为将军，欲得强；腹胁为城郭，欲得张；四下为令，欲得长"。这5句话非常生动形象地概括了良马的标准形象。

隋唐时期的相畜理论和相畜技术都有了重要发展。唐代的相马术，在历代相马理论和实践的基础上，更有显著进步。李石著的《司牧安骥集》认为，相马的要领是掌握相眼的技术，若系"龙头突目"，则属好相，一定是良骥。

《司牧安骥集·相良马论》认为，马体各部位之间的相互关系和内外联系，具有统一的整体观。《司牧安骥集》还指出：看本马的同时，还要了解该马上代的情况如何，把外形鉴定和遗传结合起来。

唐代相马学的进步，还表现在对一些迷信的说法开始采取批评的态度。如《司牧安骥集·旅毛论》认

《司牧安骥集》
唐代相马、医马专著。唐代尚书右仆射、宰相李石所撰。本书是他在838年前后任行军司马时，收集当时医治马病的重要论文汇编而成。本书卷一收有相良马图、相良马论、相良马宝金篇，以及伯乐的针经和画烙图歌诀等文献。

■唐代彩绘陶马佣

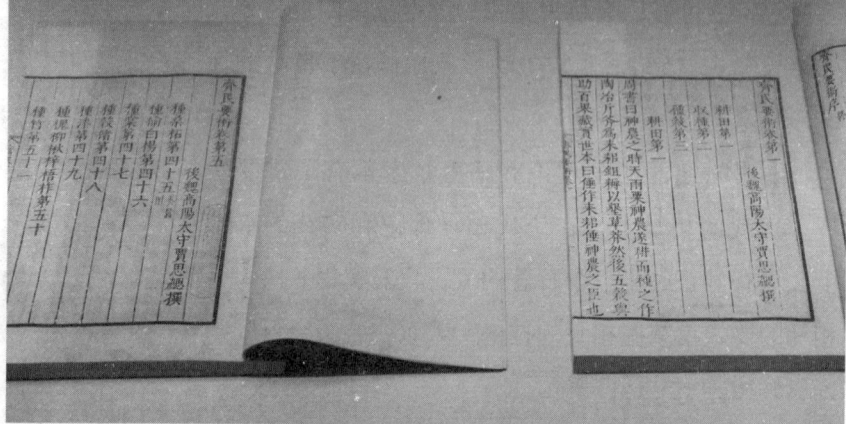
《齐民要术》

为，马的旋毛，本不足奇，根据旋毛的位置、方向判断凶吉，显然是迷信的说法。

《旋毛论》在1000多年前就能对这种谬论给予严正的批判，并指出相马"当以形骨为先"，其科学精神是了不起的。

唐代以后，五代十国，直到宋元明清各个朝代，我国的相马理论和实践，基本上不超出宁戚《相牛经》、伯乐《相马经》《齐民要术》《司牧安骥集》有关篇章的范畴。

阅读链接

战国时期赵国的九方皋对相马有独到的见解。他曾经受伯乐推荐，为秦穆公相马3个月，回来报告说已经得到一匹黄色母马。但结果却是一匹黑色的公马。穆公很不高兴。

伯乐惊叹九方皋竟到了这种地步了，他对秦穆公说："九方皋所看见的是内在的素质，发现它的精髓而忽略其他方面，注意它的内在而忽略它的外表。像九方皋这样的相马方法，是比千里马还要珍贵的。"

那匹马经过饲养和训练，果然是一匹天下难得的好马。

古代渔业

　　我国是世界上最早进行池塘养鱼的国家之一。在渔业发展的过程中，我国的先民在鱼类养殖、鱼类捕捞、捕鱼方法等方都积累了丰富的经验，还编著了很多渔业文献，这后人留下了宝贵的精神文化遗产。

　　我国的渔业文明不仅指导了当时和后世的渔业实践，而且也对世界渔业的发展和人类文明的进步做出了重要的贡献。

年代久远的鱼类养殖业

我国是世界上养鱼最早的国家之一，以池塘养鱼著称于世。一般认为池塘养鱼始于商代末年。《诗经·大雅·灵台》记叙了周文王游于灵沼，见其中饲养的鱼在跳跃的情景。这是池塘养鱼的最早记录。

从天然水体中捕捞鱼类到人工建池养殖鱼类，是渔业生产的重大发展。随着渔业的发展，养鱼的种类逐渐增多。

同时，在鱼池建造、放养密度、搭配比例、鱼病防治等方面，积累了丰富的经验，为我国近代养鱼的发展奠定了牢固的基础。

■新石器时期的抱鱼陶人

■ 战国时期的铜鱼形杖头

我国养鱼历史悠久，有关养鱼的起始年代主要有两种说法：一种是认为始于商代末年，还有一种是始于殷末，依据是殷墟出土的甲骨卜。

殷墟出土的甲骨卜辞上载有："贞其雨，在圃渔"，意思是指在园圃的池塘内捕捞所养的鱼。以此推断，我国养鱼至少始于公元前12世纪。

战国时期，各地养鱼普遍展开，池塘养鱼发展到东部的郑国、宋国、齐国，还有东南部的吴、越等国，养鱼成为富民强国之业。

《孟子·万章上》中记载，有人将鲜活鱼送给郑国的子产，子产使管理池塘的小使将鱼养在池塘里。东晋散骑常侍常璩在《华阳国志·蜀志》中也说，战国时期的张仪和张若筑成都城，利用筑城取土而成的池塘养鱼。

这时的养鱼方法较为原始，只是将从天然水域捕得的鱼类，投置在封闭的池沼内，任其自然生长，至需要时捕取。

据西汉史学家司马迁的《史记》、东汉史学家赵晔的《吴越春秋》等史籍记载，春秋末年越国大夫范

张仪（？—前309年），魏国安邑（今山西万荣）人。战国时期著名的政治家、外交家和谋略家。作为我国纵横家鼻祖的张仪曾与苏秦同师从于鬼谷子先生，学习权谋纵横之术。

■古代铜鱼

蠡曾养鱼经商致富，相传曾著《养鱼经》。该书反映了春秋时期养鱼技术的若干面貌。

西汉开国后，经60余年的休养生息，奖励生产，社会经济有了较大的发展，至汉武帝初年，养鱼业进入繁荣时期。

司马迁的《史记·货殖列传》中说，临水而居的人，以大池养鱼，一年有千石的产量，其收入与千户侯等同。

当时主要养鱼区在水利工程发达、人口较多的关中、巴蜀、汉中等地。经营者有王室、豪强地主以及平民百姓。养殖对象从前代的不加选择，变成以鲤鱼为主。

■葛洪塑像

鲤鱼具有分布广、适应性强、生长快、肉味鲜美和在鱼池内互不吞食的特点。同时有着在池塘天然繁殖的习性，可以在人工控制条件下，促使鲤鱼产卵、孵化，以获得养殖鱼苗。鱼池通常有数亩面积，池中深浅有异，以适应所养大小个体鲤鱼不同的生活习性。

在养殖方式上，常与其他植物兼作，如在鱼池内种上莲、芡，以增加经济收益并使鲤鱼获得食料来源。

湖泊养鱼也始于西汉。葛洪在《西京杂记》中说，汉武帝在长安筑昆明池，用于训练水师和养鱼，所养之鱼，除供宗庙，陵墓祭祀用外，多余的在长安市上出售。

我国的稻田养鱼历史悠久，考古发掘和历史文献表明，至迟东汉时期，我国已经开始进行稻田养鱼。巴蜀地区农民利用夏季蓄水种稻期间，放养鱼类。

事实上，稻鱼共生系统是一种典型的生态农业模式。在这个系统中，水稻为鱼类提供庇荫和有机食物，鱼则发挥耕田除草、松土增肥、提供氧气、吞食害虫等多种功能，这种生态循环大大减少了系统对外部化学物质的依赖，增加了系统的生物多样性。

历经千余年的发展形成了独具特色的稻鱼文化，不仅蕴含丰富的传统农业知识、多样的稻鱼品种和传统农业工具，还形成了独具特色的民俗文化、节庆文化和饮食文化。极大地丰富了我国传统文化。

东汉的养鱼方式还有利用冬水田养鱼。这种冬水

《养鱼经》是我国古代的养鱼著作。它以问答形式记载了鱼池构造、亲鱼规格、雌雄鱼搭配比例、适宜放养的时间以及密养、轮捕、留种增殖等养鲤方法，与后世方法相类似，是中国养鱼史上值得重视的珍贵文献。

111

捕鱼为业

古代渔业

■ 陶朱公的《养鱼经》

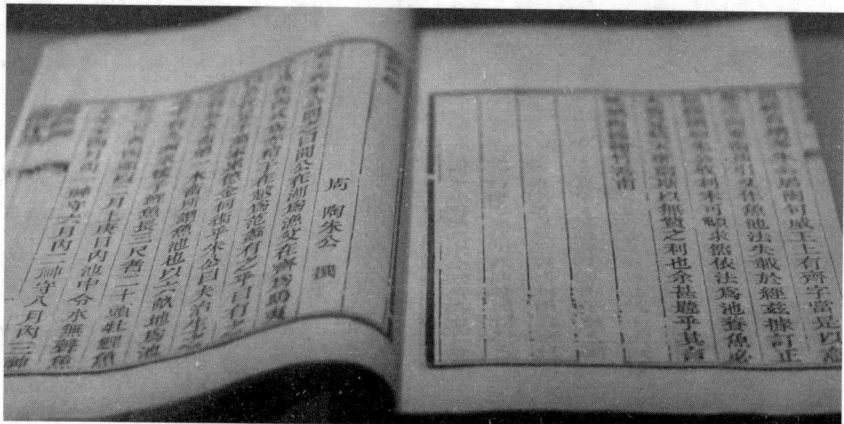

鳙鱼 又叫花鲢、胖头鱼、包头鱼、大头鱼、黑鲢，还有的地方叫麻鲢、雄鱼、雄子鱼、雄毛头。外形似鲢，是淡水鱼的一种。它是我国著名四大家鱼之一。鳙鱼性温驯，不爱跳跃，生活在水体中层。

田靠雨季和冬季化雪贮水沤闲期间的蓄水养鱼。

在汉代养鱼业发达的基础上，出现了我国最早的养鱼著作《陶朱公养鱼经》。该书的成书年代有不同看法，有人认为是春秋珍年越国政治家范蠡所作，一般认为约写成于西汉末年。

从贾思勰《齐民要术》中，得知其主要内容包括选鲤鱼为养殖对象、鱼池工程、选优良鱼种、自然产卵孵化、密养、轮捕等。

自三国至隋代，养鱼业曾一度衰落，到了唐代又趋兴盛。唐代仍以养鲤鱼为主，大多采取小规模池养方式。

唐代养殖技术主要是继承汉代的，但这时已实行人工投喂饲料，以促进池鱼的快速生长。随着养鲤业的发展，鱼苗的需要量增多，到唐代后期，岭南出现以培养育鱼苗为业的人。当时岭南人采集附着于草上的鲤鱼卵，于初春时将草浸于池塘内，旬日间都化成小鱼，在市上出售，称为鱼种。

唐昭宗时，岭南渔民更从西江中捕捞鱼苗，售予当地耕种山田的农户，进行饲养。居住在新州、泷洲的农民，将荒地垦为田亩等到下春雨田中积水时，就买草鱼苗投于田内，一两年后，鱼儿长大，将草根一并吃尽，便可开垦为田，从而取得鱼稻双丰收。

■ 汉代绿釉陶鱼塘

宋元明清时期主要饲养青鱼、草鱼、鲢鱼和鳙鱼，在养殖技术上有较大程度的提高，养殖区域也随时间在不断扩展。这是我国古代养鱼的鼎盛时期。

北宋年间，长江中游的养鱼业开始发展，九江、湖口渔民筑池塘成鱼，一年收入，少者几千缗，多者达数万缗。

■ 宋朝青釉双鱼洗

南宋时期，九江成为重要的鱼苗产区，每适初夏，当地人都捕捞鱼苗出售，以此图利。贩运者将鱼苗远销至今福建、浙江等地，同时形成鱼苗存在、除野、运输、投饵及养殖等一系列较为成熟的经验。

会稽、诸暨以南，大户人家都凿池养鱼。每年春天，购买九江鱼苗饲养，动辄上万。养鱼户这时将鳙鱼、鲢鱼、鲤鱼、草鱼、青鱼等多种鱼苗，放养于同一鱼池内，出现最早的混养。

宋代还开始饲养与培育我国特有的观赏鱼金鱼。随着养鱼业的发展，这时开始了进行鱼病防治工作。

元代的养鱼业因战争受到很大影响。在这种情况下，元代大司农司下令"近水之家，凿池养鱼"。农学家王祯的《农书》刊行对全国养鱼也起了促进作用。书中辑录的《养鱼经》，介绍了有关鱼池的修筑、管理，以及饲料投喂等方法。

明代主要养鱼区在长江三角洲和珠江三角洲，养

《农书》是元代总结我国农业生产经验的一部农学著作。王祯撰，22卷。农书》中充满了王祯的忧民悯民思想。他为农业增产、积谷防饥，从而达到"富民"的目的，介绍了很多经验，设想了很多办法；还对王公贵族的挥霍浪费，苛敛剥民，表示愤慨。因此，《农书》又是一部具有进步性和人民性的著作。

殖技术更趋完善，在鱼池建造、鱼塘环境、防治泛塘、定时定点喂食等方面，有新的发展。

养鱼池通常使用两三个，以便于蓄水、解泛和卖鱼时去选鱼。池底北面挖得深些，使鱼常聚于此，多受阳光，冬季可避寒。

明代后期，珠江三角洲和长江三角洲还创造了桑基鱼塘和果基鱼塘，使稻、鱼、桑、蚕、猪、羊等构成良性循环的人工生态系统，从而提高了养鱼区的经济效益和生态效益。

混养技术也有提高，在同一鱼池内，开始按一定比例放养各种养殖鱼类，以合理利用水体和经济利用饵料，有利于降低成本，提高产量，增加收益。

河道养鱼也始于明代。这种养殖方式的特点是将河道用竹箔拦起，放养鱼类，依靠水中天然食料使鱼类成长。明嘉靖时期，三江闸建成，绍兴河道的水位差幅变小，为开发河道养鱼创造了条件。

池养也见于明代。松江渔民在海边挖池养殖鲻鱼，仲春在潮水中捕体长寸余的幼鲻饲养，至秋天即长至尺余，腹背都很肥养。

清代养鱼以江苏、浙江两省最盛。其次是广东。江苏的养鱼区主要在苏州、无锡、昆山、镇江、南京等地。浙江养鱼以吴兴菱湖最著名，嘉兴、绍兴、萧山、诸暨、杭州、金华等地都是重要的养鱼区。

广东的养鱼区主要在肇庆、南海、佛山。其他如江西、湖北、福建、湖南、四川、安徽、台湾等省，也有一定的养殖规模。养鱼技术主要承袭明代的，但在鱼苗饲养方面有一定发展。

明末清初著名学者屈大均的《广东新语·鳞

■明代鱼形木鱼

语》中说，西江渔民将捕得的鱼苗分类撇出，出现了最早的撇鱼法。

在浙江吴兴菱湖，渔民利用害鱼苗对缺氧的忍耐力比养殖鱼苗小的特点，以降低不中含氧量的方法，将害鱼苗淘汰，创造了挤鱼法。

除了鱼类外，我国古代还有牡蛎、蚶子和缢蛏。牡蛎早在宋代已用插竹法养殖，明清时期养殖更加广泛。清代广东采用投石方法养殖，如乾隆年间东莞沙井地区的养殖面积约达200顷。

明代浙江、广东、福建沿海已有蚶子养殖业。在水田中养殖的泥蚶以及天然生长的野蚶，人们已能对两者正确加以判别。

明代福建、广东已有缢蛏养殖。《本草纲目》《正字通》《闽书》等记述了缢蛏滩涂养殖的方法。所有这些，都极大地丰富了我国古代水产养殖业。

阅读链接

古人管理鱼塘时，为对付鱼鹰来抓鱼想了很多办法。有一个养鱼人扎了一个稻草人，让它穿蓑衣戴斗笠，伸开两臂，还各拿一根竹竿，然后插在鱼塘里吓唬鱼鹰。

起初，鱼鹰以为是真人，只敢在草人上空盘旋。可慢慢就不管用了。养鱼人生气极了，他索性自己打扮成草人站在鱼塘里面。

鱼鹰又来时，以为鱼塘里还是原先的假人，就又放心大胆地下来吃鱼。养鱼人趁着它不注意，一伸手就抓住了鱼鹰的爪子。养鱼人这样抓了几次，鱼鹰再也不敢来了。

逐渐进步的鱼类捕捞业

我国地处亚洲温带和亚热带地区，水域辽阔，鱼类资源丰富，为捕鱼业的发展提供了有利条件。

早在原始社会的早期发展阶段，鱼类就是人们赖以生存的食物之一。先是在内陆水域和沿海地区捕鱼作业，后来逐渐较大规模地向近海发展。

在长期的生产实践中，劳动人民创造了种类繁多的渔具和渔法。清代末年，随着西方新技术的传入，捕鱼开始以机器为动力，从传统的生产方式逐步走向近代化。

■原始人养殖场景

我国的捕鱼业始于1.8万年前的山顶洞人时期，那时人们除了采集植物和猎取野兽外，还在附近的池沼里捕捞鱼类。当时已能捕获长约80厘米的大草鱼。

到了原始社会末期，捕鱼生产逐渐在我国南北各地展开。在农作物种植相对较多的地方，捕鱼成为重要的副业，而在自然条件对鱼的生长有利的地方，捕鱼则发展成带有专业性质的生产。

■ 原始人捕鱼蜡像

随着原始捕鱼活动，我国古代劳动人民的捕鱼技术也在不断进步，同时发明了许多新的渔具，如弓箭、鱼镖、鱼叉、鱼钩、渔网、鱼筒、鱼卡等。

距今约7000年前，居住在今浙江余姚的河姆渡人，已经使用独木舟之类的船只到开阔的水面捕鱼。5000年前，居住在今山东胶县的人们，已经以捕捞海鱼为生。

公元前21世纪，捕鱼仍占有一定比重。在多处夏文化遗址出土的渔具，包括制作较精的骨鱼镖、骨鱼钩和网坠，反映出当时的捕捞生产已有进步。

战国时魏国史官所作的《竹书纪年》中说夏王"狩于海，获大鱼"，表明海上捕鱼当时是受重视的一项生产活动。

商代的渔业在农牧经济中占有一定地位。商代的

捕鱼为业
古代渔业

河姆渡人 距今7000多年生活在长江下游的古人类。他们建造房屋，用船、筏载人荷物、浮水采集，使用刀、锤、铲、纺轮、蝶形器等木器，栽培人工水稻，家养羊、鹿、猴子等牲畜。在河姆渡还出土了我国境内所发现最早的漆器，其陶器制作有一定的水准。

捕鱼区主要在黄河中、下游流域，捕鱼工具主要有网具和钓具。

在河南偃师二里头早商宫殿遗址出土有青铜鱼钩。这枚鱼钩钩身浑圆，钩尖锐利，顶端有一凹槽，用以系线，有很高工艺水平。

河南安阳殷商遗址出土的文物中，发现了铜鱼钩，还有可以拴绳的骨鱼镖。出土的鱼骨，经鉴别属于青鱼、草鱼、鲤、赤眼鳟和鲻，此外还有鲸骨。鲻和鲸都产于海中。

商人捕捞的鱼类范围很广，有淡水鱼类青鱼、草鱼、赤眼鳟和黄颡鱼等，还有河口鱼类鲻。说明当时的渔具和技术已经很先进了。

周代捕鱼有进一步发展，捕捞工具已趋多样化，有钓具、笱、罩、罾等多种，可归纳为网渔具、钓渔具和杂渔具三大类。此外，还创造了一种渔法，是将柴木置于水中，诱鱼栖息其间，围而捕取。成为后世人工鱼礁的雏形。

由于捕捞工具的改进，捕捞鱼类的能力也有相应的提高。据《诗经》中记载，当时捕食的有鲂鱼、鳢鱼、鳟鱼、鲨鱼、鲤鱼、鲔鱼、鲦鱼、鲟鱼、嘉鱼等10余种，这些鱼有中小型的，也有大型的，分别生活

养殖史话

古代畜牧与古代渔业

人工鱼礁 人为在海中设置的构造物，其目的是改善海域生态环境，营造海洋生物栖息的良好环境，为鱼类等提供繁殖、生长、索饵的场所，达到保护、增殖和提高渔获量的目的。最初是以诱集鱼类造成渔场，以供捕获，且主要以鱼类为对象。故称为人工鱼礁。

■ 古代捕鱼工具

■ 古代铜鱼钩

于水域的中上层和底层。

网具和竹制渔具种类的增多以及特殊渔具渔法的形成，反映出人们进一步掌握了不同鱼类的生态习性，捕鱼技术有了很大的提高。

西周开始对捕鱼实行管理，渔官称"渔人"。据《周礼》中记载，渔人有：

中士四人，下士四人，府二人，史四人，胥三十人，徒三百人。

已形成一支不小的管理队全。渔人的职责除捕取鱼类供王室需用外，还执掌渔业政令并征收渔税。

为保护鱼类的繁殖生长，西周还规定了禁渔期，一年之中，春季、秋季和冬季为捕鱼季节，夏季因是鱼鳖繁殖的季节而不能捕捞。

■古人劳作场景

■ 古砖上的猎渔画

对破坏水产资源的渔具和渔法，同样也作了限制。

春秋时期，随着冶铁业的发展，开始使用铁质鱼钩钓鱼。铁鱼钩的出现推动了钓鱼业的发展。近海捕鱼这时也有很大发展，位于渤海之滨的齐国，因兴渔盐之利而富强。

从秦汉到南北朝的七八百年间，人们对鱼类的品种和生态习性积累了更多的知识。东汉文字学家许慎的《说文解字》中所载鱼名达到70余种。当时对渔业资源也实行保护政策。

汉代随人口的增长和社会经济的发展，捕鱼业较前代更盛。据东汉史学家班固的《汉书·地理志》中记载，辽东、楚、巴、蜀、广汉都是重要的鱼产区，市上出现大量商品鱼。

捕捞技术也有进步，唐代官员徐坚《初学记》引《风俗通》说，罾网捕鱼时已利用轮轴起入，这是最早的使用机械操作。东汉哲学家王充的《论衡·乱龙篇》中说，当时使用一种模拟鱼诱办法，就是集鱼群以使鱼上钩，这是后世拟饵钓的先导。

东汉时期还创造了采用拟饵的新钓鱼法，用真鱼般的红色木制鱼置于水中，以之引诱鱼类上钩。这种用机械代替人力起放大型网具的方法是一项较突出的成就。

班固（32年—92年），字孟坚。史学家班彪之子。扶风安陵（今陕西咸阳）人。东汉官吏、史学家、文学家。他潜心20余年，修成《汉书》，当世重之，迁玄武司马，撰《白虎通德论》，征匈奴为中护军，兵败受牵连，死狱中。善辞赋，有《两都赋》等。

这一时期海洋捕鱼也有很大发展。汉武帝时已能制造"楼船""戈船"等大战船，从而推动了海洋捕捞技术的发展，使鲐鱼、鲭鱼、鳀鱼、鳓鱼、石首鱼等中上层和底层鱼类的捕捞成为可能。

魏晋至南北朝，黄河流域历遭战乱，捕鱼类衰落，在长江流域，东晋南渡后经济得到开发，渔业也在相应发展。东晋著名学者郭璞《江赋》描述长江捕鱼盛况说：

> 舳舻相属，万里连墙，溯洄沿流，或渔或商。

这时出现了一种叫鸣榔的声诱鱼法，捕鱼时用长木敲击船板发出声响，惊吓鱼类入网。

在东海之滨的上海，出现一种叫沪的渔法，渔民在海滩上植竹，以绳编连，向岸边伸张两翼，潮来时鱼虾越过竹枝，潮退时被竹所阻而被捕获。随捕鱼经验的丰富，对鱼类的游动规律也有一定程度的认识。

唐代的主要鱼产区在长江、珠江及其支流，这时除了承用前代的渔具、渔法外，还驯养鸬鹚和水獭捕鱼。这是捕捞技术中的新发展。

■古代捕鱼工具

■汉代绿釉陶水池

陆龟蒙（？—881年），字鲁望，别号天随子、江湖散人、甫里先生。唐代农学家、文学家。他的小品文主要收在《笠泽丛书》中，现实针对性强，议论也颇精切，如《野庙碑》《记稻鼠》等。陆龟蒙与皮日休交友，世称"皮陆"，诗以写景咏物为多。

养殖史话

古代畜牧与古代渔业

唐代渔法之多远超历代，当时的钓具已很完备，有摇钓线的双轮，钩上置饵，钓线缚有浮子，可用以在岸上或船上钓鱼。还有用木棒敲船发声以驱集鱼类，用毒药毒鱼或香饵诱鱼进行捕捞等。鸬鹚捕鱼也已出现。

据代张鷟的笔记小说集《朝野佥载》记载，当时还有木制水獭，口中置有转动机关，鱼饵放在机关中，鱼吃饵料时，机关转动，獭口闭合而将鱼捕捉。

唐末，诗人陆龟蒙将长江下游的渔具、渔法作了综合描述，写成著名的《渔具诗》，作者在序言中，对各种渔具的结构和使用方法作了概述，并进行分类。这是我国历史上最早的专门论及渔具的文献。

宋元明清时期以海洋捕捞为主，出现了捕捞专一经济鱼类的渔业，捕捞海域逐渐上近岸向外海扩展，

■西周铜鱼

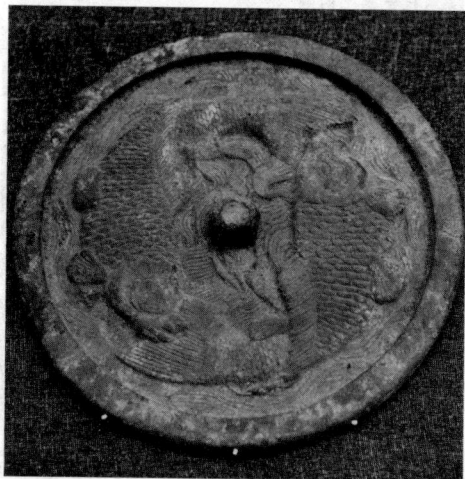
新石器时代的渔网坠

同时出现了不少新的渔具和渔法。海洋捕捞方面实行带有几只小船捕鱼的母子船作业方式。

宋代随东南沿海地区经济的开发和航海技术的进步，大量经济鱼类资源得到开发利用，浙江杭州湾外的洋山，成为重要的石首渔场，

每年三四月，大批渔船前往采捕，渔获物盐腌后供常年食用，也有的冰藏后运销远地。

此外，据《辽史·太宗本纪》中记载，北宋时辽国契丹人已开始冰下捕鱼，契丹主曾在游猎时凿冰钓鱼；此外还有凿冰后用鱼叉叉鱼的作业方法。

马鲛鱼也是当时重要的捕捞对象。使用的渔具有大莘网和刺网等。据南宋文学家周密《齐东野语》载，宋代捕马鲛鱼的流刺网有数十寻长，用双船捕捞，说明捕捞已有相当规模。

宋代淡水捕捞的规模也较前代为大。比如江西鄱阳湖冬季水落时，渔民集中几百艘渔船，用竹竿搅水和敲鼓的方法，驱使鱼类入网。再如在长江中游，出现空钩延绳钓，它

■宋朝的双鱼纹铜镜

邵雍（1011年—1077年），字尧夫，自号安乐先生、伊川翁，后人称百源先生。北宋哲学家、易学家，有"内圣外王"之誉，谥号"康节"。创"先天学"，以为万物皆由"太极"演化而成。著有《观物篇》《先天图》《伊川击壤集》《皇极经世》等。

■ 明代瓷器上的鲤鱼纹饰

的钓钩大如秤钩，用双船截江敷设，钩捕江中大鱼。

竿钓技术也有进步，北宋哲学家邵雍《渔樵问答》把竿钓归纳为由钓竿、钓线、浮子、沉子、钓钩、钓饵6个部分构成，这与近代竿钓的结构基本相同。这一时期，位于东北地区的辽国，开始冬季冰下捕鱼。

明代海洋捕捞业继续受到重视，主要捕捞对象仍是石首鱼，生产规模比前代更大。

明代人文地理学家王士性《广志绎》说，每年农历五月，浙江宁波、台州、温州的渔民以大渔船往洋山捕石首鱼，宁波港停泊的渔船长达5千米。这时渔民已观测到石首鱼在生殖期发声的习性探测鱼群，再用网截流张捕。

明代淡水渔具的种类和构造，生动地反映在明文献学家王圻的《三才图会》中。该书绘图真切，充分显示了广大渔民的创造性。它将渔具分为网、罾、钓、竹器四大类，很多渔具沿用至今。

又据《直省府志》记载，明代已使用滚钩捕鱼，捕得的鲟小者100至150千克，大的500至1000千克。

《宝山县志》介绍当时上海宝山已有以船为家的专业渔民，使用的渔具有攀网即板罾、挑网、牵拉网、捞网等，半渔半农者则使用撒网、搅网、罩或叉等小型渔具。

当时湖泊捕鱼的规模也相当大，山东微山湖、湖南沅江及洞庭湖一带都有千百艘渔船竞捕。太湖的大渔船具6张帆，船长八丈四五，宽二丈五六，船舱深丈许，可见太湖渔业的发达。在东北，边疆少数民族部落每当春秋季节男女都下河捕鱼，冬季主要是冰下捕鱼。

我国明代的海洋捕鱼业尽管受到海禁的影响，仍有很大进步，出现了专门记述海洋水产资源的专著，如明末清初官员林日瑞的《渔书》、明代官员屠本畯的《闽中海错疏》、明末清初文人胡世安的《异鱼图赞》等。

这一时期的渔具种类，网具类有刺网、拖网、建网、插网、敷网，钓具类有竿钓、延绳钓，以及各种杂渔具等。渔具的增多，表明了对各种鱼类习性认识的深化，捕捞的针对性增强。

当时已经出现了有环双船围网，作业时有人瞭望侦察鱼群。南海还用带钩的标枪系绳索捕鲸。东海黄鱼汛时，人们根据黄鱼习性和洄游路线，创造了用竹

王士性 （1547年—1598年），字恒叔，号太初，宗沐侄，临海城关人。明代人文地理学家。少年好学，喜游历，一生游迹几遍全国，凡所到之处，对一岩、一洞、一草、一木之微，悉心考证；对地方风物，广事搜访，详加记载，并成著作《广游志》《广志绎》《玉岘集》等。

捕鱼工具

筒探测鱼群的方法，用网截流捕捞。声驱和光诱也是常用的捕渔方法。

清初，广东沿海开始用双船有环围网捕鱼。围网深八九丈、长五六十丈，上纲和下纲分别装有藤圈和铁圈，贯以纲索为放收。捕鱼时先登桅探鱼，见到鱼群即以石击鱼，使惊回入网。这是群众围网捕鱼的起始。

此后，浙江沿海出现饵延绳钓，钓捕带鱼及其他海鱼，渐次发展成浙江的重要渔业之一。

内陆水域捕鱼也有发展，太湖捕鱼所用渔船多至六桅。在边远地区，一些特产经济鱼类资源也得到大量开发利用。

清末，西方的工业捕鱼技术开始传入我国，光绪年间，江苏南通实业家张謇，会同江浙官商，集资在上海成立江浙渔业公司，向德国购进一艘蒸汽机拖网渔船，取名"福海"，在东海捕鱼生产。这种安装动力机器的渔船，在航行上不再依靠风力，在生产操作上借助机械的传导，提高了生产效率。

阅读链接

我国海洋渔船从风帆时代跨入柴油机时代，始于我国近代张謇。1904年，张謇引进了我国第一艘机轮拖网渔船"福海号"从事拖网渔业，掀开了我国动力化渔船的历史新篇章。

"福海号"船长33.3米，宽6.7米，功率500马力。该船原名"万格罗"，系德商的渔轮，江浙渔业公司从青岛德商处购下后改名"福海号"。该轮除从事捕捞作业外，还兼负护洋任务，由官府发给快炮一尊，后膛枪10支，快刀10把，负责保卫江浙洋面民众渔船。

创造出的多种捕鱼方法

渔业是人类最早的生产活动之一。据考古工作者证实，旧石器时期山西汾河流域的"丁村人"，能够捕捞到青鱼、草鱼、鲤鱼和螺蚌等；旧石器晚期北京周口店的"山顶洞人"知道采捕鱼、蚌，这说明我国祖先的捕捞能力至新石器时期，捕鱼技术和能力已有一定的发展。

在我国出土的古代文物中，从南至北都有鱼钩、鱼叉、鱼标、石网坠等各种捕鱼工具。据考古实物和有关资料考证，我国古代已经有多种捕鱼方法。

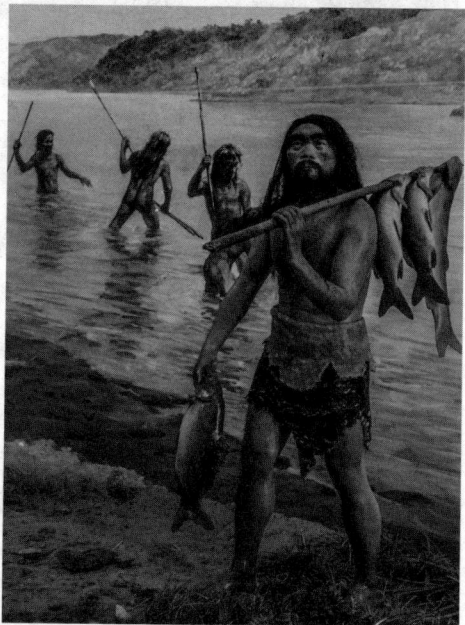

■原始人捕鱼场景

原始人时期，有一种长臂人，最善于用手捕鱼，可以单手捕捉鱼类，上岸时能两手各抓一条大鱼。这种长臂人捕鱼的本领，无疑是长期实践练就的。

鱼是一种很难用手抓到的动物，在水中游动迅速，且鱼体非常光滑，徒手去摸鱼，捉到鱼的概率很小。为了捕到更多的鱼，随着经验的不断总结和发展，人们便想出了"竭泽而渔"的办法。

"竭泽而渔"是原始的捕鱼方法。就是把小的水坑、水沟弄干，把鱼一举捉尽。单从方法上讲，这是一个飞跃。如果不是靠"竭泽而渔"的办法，原始人是不可能一次捕到好多鱼的。在最初，这种"竭泽而渔"很可能是一种相当普遍采用的方法。

原始人定居以后，对于"竭泽而渔"的后果逐

■古代渔业示意图

渐引起了注意：周围小型水体被弄干，鱼无生息之处了，昨天还是鱼香满口，今天连鱼味也闻不到了。

■原始人捕鱼场景

古人终于明白取之不留余地，只图眼前利益，不作长远打算的害处。周文王临终时遗嘱后人"不蓻泽"。意思是，再也不能"竭泽而渔"了。

后来的《吕氏春秋》正式总结了这个历史经验：

　　竭泽而渔，岂不获得？而明年无鱼；
　　焚薮而田，岂不获得？而明年无兽。

意思是说，使河流干涸而捕鱼，难道会没有收获吗？但第二年就没有鱼了；烧毁树林来打猎，难道会没有收获吗？但第二年就没有野兽了。

提倡适度开发、可持续发展，反对追求竭泽而渔式的短期利益，我们的祖先早已具备了这样的生存智慧。

古代捕鱼还有以棍棒击鱼的方法。在没有木刀的情况下，也用棍棒打鱼。

《吕氏春秋》是战国末年秦国丞相吕不韦组织属下门客集体编撰的儒家、法家、道家等杂家著作，又名《吕览》，是一部古代百科全书式的传世巨著。此书共分为12纪、8览、6论，共12卷。吕不韦自己认为其中包括了天地万物古往今来的事理，所以号称《吕氏春秋》。

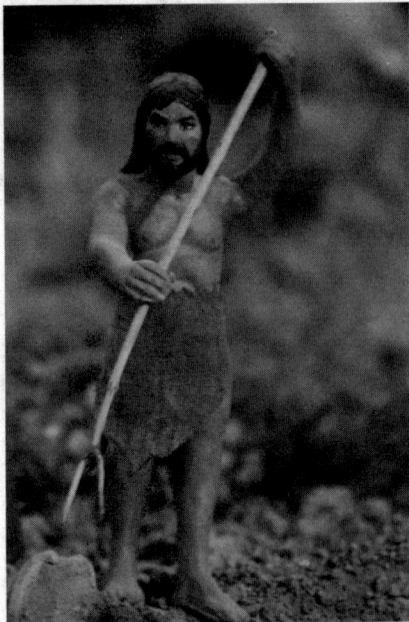
■ 原始人捕鱼蜡像

养殖史话

古代畜牧与古代渔业

据山西《平阳府志》记载：

黄河急湍，渔人又无网罟之具，水涨时则持木棒伺河岸而击之，百或得一矣。

后来，在滇川交界的泸湖畔，每当早春三月，岸柳垂绿，桃花盛开之际，当地的普朱族和纳西族仍利用鱼群游到浅滩产卵的机会，用木刀砍鱼，刀不虚发，每击必中，使鱼昏浮在水面。

箭射捕鱼是秦汉以前捕捞较大鱼类的主要方法之一。史记载，公元前210年，徐福入海求仙药时，带有众多弓箭手，见鲛鱼则"连弩射之"。明代人们常用带索枪射鱼。

少数民族箭射捕鱼也很常见。鄂伦春族、高山族常用弓箭或鱼镖射捕鱼，当鱼浮出水面，或举弓射击，或用鱼镖叉鱼。

以兽骨或角磨制的鱼镖有多种形式，多具有倒钩，有的一边具倒钩，有的两边具倒钩。鱼镖尾柄凸节或凹槽，可以固定在镖柄上，或拴以绳索，插于镖柄前端的夹缝中，成为带索鱼镖，鱼被刺中后挣扎，鱼镖柄脱离，可以持镖柄拉绳取鱼。

最古老的钓鱼方法不用鱼钩，这就是无钩钓具。这一捕鱼的方法甚至沿袭至近代。

徐福 即徐市，字君房，齐地琅琊，即今江苏赣榆人。秦代著名的方士。他是鬼谷子先生的关门弟子。学辟谷、气功、修仙，兼通武术。秦始皇登基后，他被派出海采仙药，一去不返。后来，有徐福在日本的平原、广泽为王之说。

过去，云南有些苦聪人和芒人妇女钓鱼时，一般仍用一根竿头拴一根野麻绳的钓竿，钓鱼时，先把竹竿斜插在河岸上，绳端拴一条蚯蚓，然后把绳头置入水里，待鱼群见饵而来争食蚯蚓，把竹竿拉得左右摇动之时，钓者猛拉鱼竿，准确地把鱼甩在竹篓里。

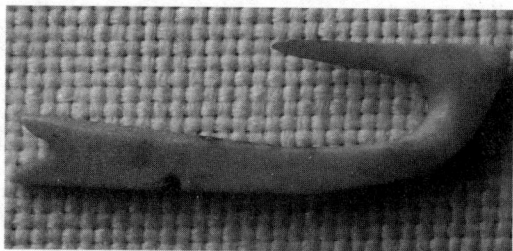
■ 新石器时期的骨质鱼钩

有钩钓具捕鱼比较普遍。有一件6000多年前的骨鱼钩，倒钩至今还甚锋利。这是在西安半坡遗址出土的，可以与现在的钓钩相媲美。在骨器钓钩之前，有以树的棘刺、鸟类的爪子钓鱼。

古代的钓鱼方法很多，有竿钓、下卧钓、甩竿和滚钩钓等。不同的季节，钓鱼的地点也有差别，故有"春钓边，秋钓滩，夏季钓中间"的渔谚。

用网捕鱼是一种古老的方法。渔网的发明很早，据有关史料记载，网是伏羲氏看见蜘蛛结网后受到启发而制作的。《易·系辞下》载，伏羲氏"做结绳而为网罟"。

最初的网既用于捕鸟兽，又能捕鱼。自从有文字以来，就有关于网的记载。在最初的象形文字中，就有用网捕鱼的字形。在秦汉以前的古籍中，已经提到

伏羲氏 生于陇西成纪，即今甘肃天水。这里素有"羲皇故里""龙城天水"之称，是中华古文明的重要发祥地之一。伏羲氏发明并创造了八卦、历法，教民渔猎、驯养家畜，制定了婚嫁仪式等。他是中华民族的人文始祖，受到了中华儿女的称赞和共同敬仰。

■ 新石器时代骨鱼镖

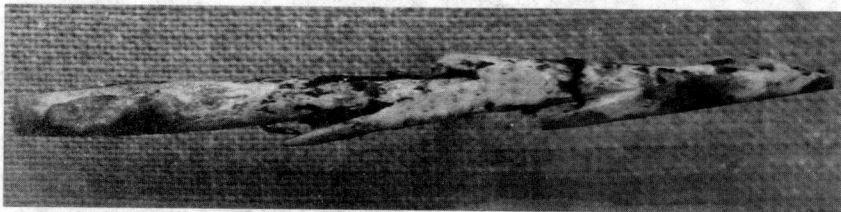

多种网具和网的结构，据载有的网具已有很长的网纲，有的相当于后来的大拉网。

古代劳动人民曾经发明以假鱼引诱真鱼的方法。汉代王充的《论衡·乱龙篇》载：

> 钓者以木为鱼……近水流而击之起水动作，鱼以为真，
> 并来聚会。

这种以形象引诱的方法，比饵诱法经济得多。

过去东南沿海地区捕捞墨鱼的时候，渔民多在潮水到来之前，先划船入海，以长绳牵引数十个鱼篓，每个鱼篓里盛一个牝墨鱼，潮水淹没后，牝墨鱼发出鸣叫，墨鱼闻声而至，潮水退后，再收篓取鱼。这种诱法是利用物异性相吸而发明的。

古代灯光诱鱼也经常采用，一般在捕鱼、捉蟹时，都以点燃火把为号，鱼、蟹见光而至。这是利用鱼、蟹的趋光性，用光引诱的方法捕鱼。

鱼筌捕鱼也是古人使用的方法之一。鱼筌是以竹编制的，呈圆锥

晨雾中的渔船

■古代渔船

形，尖端封死，开口处装有一个倒须的漏斗。使用时，将其放置在水沟分岔处，鱼可顺水而入，但因倒须阻拦，而不能出来。

鱼筌起源很早，在浙江杭州水田畈遗址就出土一件鱼筌。说明在几千年前，长江下游的原始居民已经开始运用鱼筌捕鱼了。

西南地区有些少数民族捕捉鳝鱼、泥鳅时，多砍取一些竹筒，一端由原来的竹隔膜封死，一端装一个有倒须的漏斗，夜间放在田垄之间，鱼能进不能出，天明取回竹筒。

宋代名诗人苏东坡在《夜泛西湖》中写道：

渔人收筒及未晓，船过唯有菰蒲声。

诗中说的鱼筒，就是一种类似鱼筌的工具。

苏东坡 （1037年—1101年），字子瞻，号东坡居士。四川人。北宋文学家、书画家。诗文书画皆精。其文与欧阳修并称"欧苏"，为"唐宋八大家"之一；诗与黄庭坚并称"苏黄"；词与辛弃疾并称"苏辛"；书法与黄庭坚、米芾、蔡襄并称"宋四家"。著有《苏东坡全集》和《东坡乐府》等。

杨孚 字孝元，东汉时南海郡番禺（今广州海珠）人。汉代著名的学者。曾建议汉和帝"孝治天下"。在学术方面，著有南海郡人第一部学术著作，也是我国第一部地区性的物产专著《南裔异物志》。该书详细记载了古代岭南物产及风俗，是一份不可多得的珍贵史料。

陷阱捕鱼也被采用过。陷阱是以篱笆或土石筑成的，各民族普遍使用。东北鄂伦春族的"挡亮子"就是这种方法。

鄂伦春人根据鱼类"春上秋下"的游动规律，在小河岔口处筑一个开口，然后安置一个较大的口小腹大篮筐，无论是鱼顺流而下，还是逆流而上，都能进入，有进无出，人们可以"瓮中捉鳖"，一次能捕几十斤甚至上百斤的鱼。这类方法流传的时间长，采用的人多。

把野生的鸬鹚加以驯化，用来捕鱼，以我国为最早。据我国文献记载，在《尔雅》及东汉杨孚撰写的《异物志》里，均有鸬鹚能入水捕鱼，而湖沼近旁之居民多养之，使之捕鱼的记载。

据古书记载，驯养鸬鹚捕鱼，大概源于秦岭以南河源地区，此地三国以后开始推广鸬鹚捕鱼。这要比

■渔船上的鸬鹚

日本于5世纪始用鸬鹚捕鱼的记载要早得多。

唐代大诗人杜甫的诗句中有"家家养鸟鬼，顿顿食黄鱼"的描述。这里所说的"鸟鬼"是鸬鹚的别称。此外，清代有文人以诗歌来描述鸬鹚的价值和捕鱼技术。可见我国在驯养鸬鹚方面，不但时间早，而且规模也相当大。

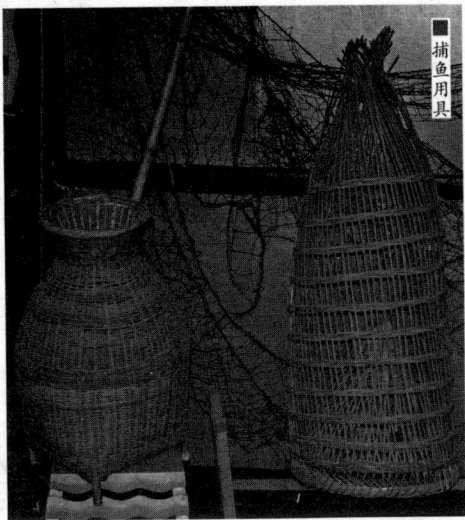

■捕鱼用具

综上所述，人类的捕鱼技术是由低级向高级发展的。鱼生活在水中，捕捞难度大，所以捕捉的方式不管如何千变万化，都是尽力断绝其生存条件。

因此，捕鱼方法既采取了若干狩猎方法，也有不少新的发明创造，积累了丰富的经验，这是人类征服自然的记载。

阅读链接

据传说，有一次，伏羲在蔡河捕鱼时逮住一个白龟。他把白龟养了起来，没事儿就看着白龟想天地间的难题。

有一天，伏羲突然发现白龟盖上有花纹，他就折草在地上照着花纹画。画了九九八十一天，画出了名堂。他用一条连续的画线当作"阳"，两条间断的画线当作"阴"。

然后，他根据天地万物的变化，将阴阳来回搭配，或一阳二阴，或一阴二阳，或二阴一阳，或二阳一阴，或三阴无阳，或三阳无阴，画来画去，最后画成了八卦图。

编写了丰富的渔业文献

我国古代的一些思想家和政治家对渔业经济问题有过许多论述，编辑著作了丰富的渔业文献。反映了当时的渔业状况，指导了当时及后世的渔业生产，在我国古代渔业史上占有重要地位。

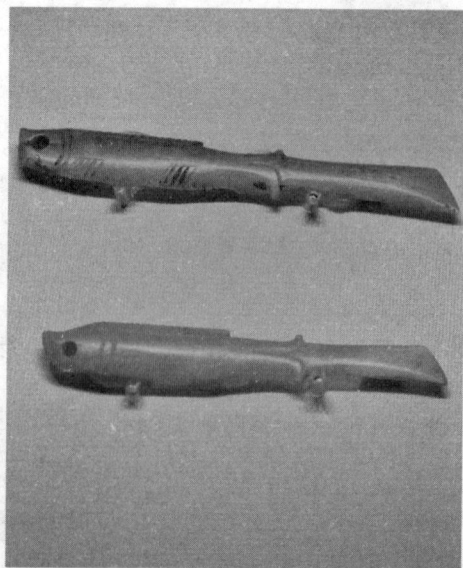

在古代渔业文献中，比较著名的有《陶朱公养鱼经》《闽中海错疏》《种鱼经》《渔书》《官井洋讨鱼秘诀》《然犀志》《记海错》《海错百一录》。这些文献，都是研究我国渔业发展史的重要参考资料，极大地促进了我国渔业的大发展。

■古代鱼形玉器

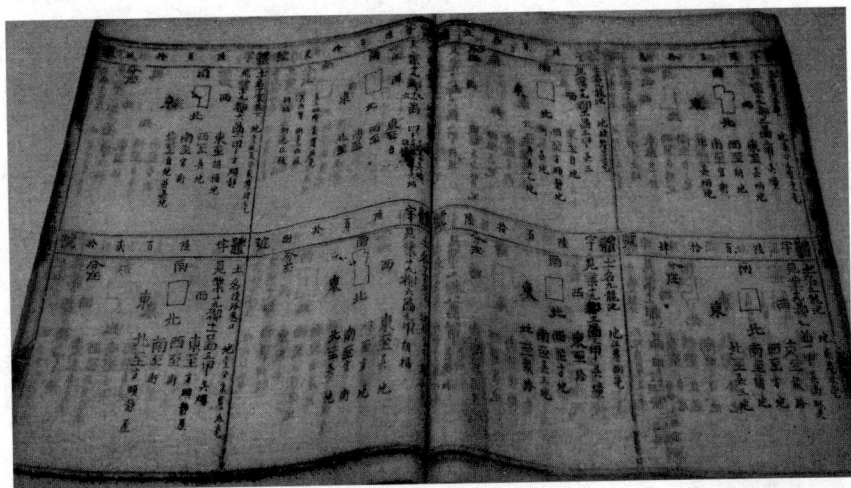

我国古代有着丰富的渔业文献。早在《诗经》《尔雅》等古籍中，就有有关渔具、渔法和水产经济动植物的记载。

汉代以来，随着养鱼业和捕鱼业的进一步发展，这方面文献日益增多，多散见于笔记、农书和方志之中。在水产品利用方面，也从食用发展到药用，这在历代著作中均有所反映。至明清两代，渔业文献趋向系统性，产生了很多专门著作。

主要有《陶朱公养鱼经》《闽中海错疏》《种鱼经》《渔书》《官井洋讨鱼秘诀》《然犀志》《记海错》《海错百一录》等。

《陶朱公养鱼经》原书已秩，后是从贾思勰《齐民要术》中辑出的。学术界一般认为该书是春秋末年，越国大夫范蠡所著。范蠡晚年居陶，称"朱公"，后人遂称之为"陶朱公"，故本书又名《陶朱公养鱼经》《陶朱公养鱼法》《陶朱公养鱼方》等。

■ 明朝鱼鳞图册

《尔雅》 是我国最早的一部解释词义的专著，也是第一部按照词义系统和事物分类来编纂的词典。作为书名，"尔"是"近"的意思，"雅"是"正"的意思，在这里专指在语音、词汇和语法等方面都合乎规范的用法。

屠本畯 字田叔，又字幽叟，号汉陂，晚年自称憨先生、乖龙丈人等。浙江鄞县（今宁波）人。他通过调查研究，著有《闽中海错疏》《海味索引》《闽中荔枝谱》《野菜笺》《离骚草木疏补》等书。内容涉及植物、动物、园艺等广阔领域。

《陶朱公养鱼经》现存400余字，总结了我国早期的养鲤经验，以问对形式记载了鱼池构造、亲鱼规格、雌雄鱼搭配比例、适宜放养的时间，以及密养、轮捕、留种增殖等养鲤方法，与后世方法多类似，是我国养鱼史上值得重视的珍贵文献。

《陶朱公养鱼经》中记述了鲟鱼、鲈鱼、鳜鱼、鲳鱼等19种鱼类。还指出了河豚的毒性、鉴别和解毒之法，认为河豚：

> 有大毒能杀人……中其毒者，水调槐花末或龙脑水，或至宝丹，或橄榄子，皆可解也。

可见，当时人们不但已了解河豚的毒性，而且在鉴别与解毒方面，都积累了丰富的知识。

《闽中海错疏》是明代屠本畯写的记述我国福

■《陶朱公鱼经》

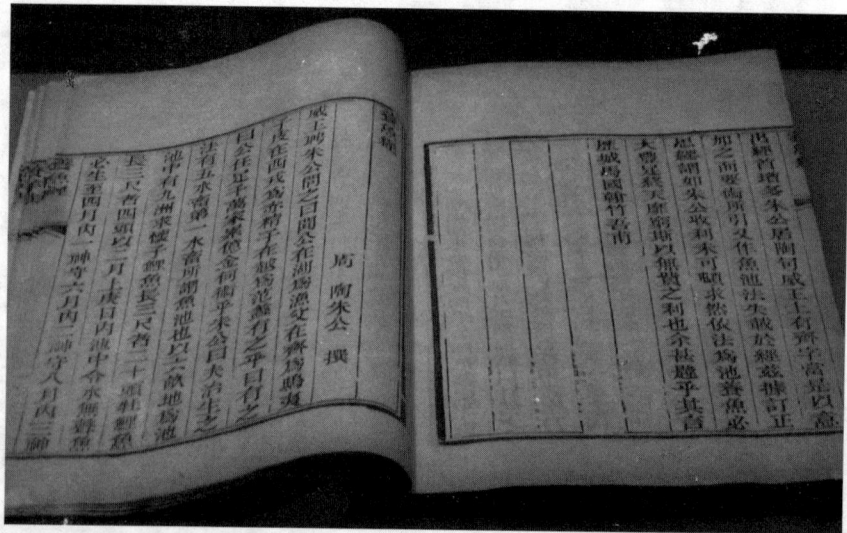

建沿海各种水产动物形态、生活环境、生活习性和分布的著作。这书是他任福建盐运司同知时写的，成于1596年。

该书是现存最早的水产生物区学志。在海产动物、贝类动物、淡水养殖业、鱼类、医药学、农学、动物学方面，均取得了突出成就。

在海产动物方面，《闽中海错疏》有许多新发现。鳂是一种名贵的金色小沙丁鱼，明以前不见于记载，此书却对它作了描述。

《霜浦归渔图》

福建地处浙粤之间，有些海产动物是相似的，所以屠本畯对福建海产动物的描述，多用浙东沿海所产的加以比较，因此，《闽中海错疏》可视为中国早期的海产动物志或海产动物专著。

屠本畯通过对海产动物的研究，获得了许多海洋动物形态生态知识。例如，他形象地描述方头鱼头略呈方形；虎鲨头目凹而身有虎纹的形态特点；对真鲷、橄榄蚶、结蚶等海产动物形态的描述也很具体。根据所描述的特点可以鉴定到种。与福建地区现生种类基本相符。

在贝类动物方面，屠本畯明确提出了自己的见

农学 农作物生产科学也称农学或农艺学。其研究对象除农作物外，还包括果树、蔬菜、花卉等园艺作物。农作物生产是一个由多种因素综合作用的复杂过程，农作物生产科学的这种综合性常常使它同自然科学的一些学科难以截然分割，但在实践中也已经发展出一些比较系统的学科。

解。比如泥螺在7至9月间产卵，秋后所采是产过卵的个体，所以肉硬且味不及春。当年孵出的螺个体小，肉眼不易看见，第二年春季长到谷粒大小，至五六月开始繁殖。

从屠本畯对泥螺自然繁殖的描述来看，反映出他对泥螺的生态习性已有消晰的认识。他还观察到棱鯔在深冬时卵巢和精巢充满腹腔，以及性腺成熟和产卵。到春天鱼排精产卵后，即体瘦而无味。这种对鱼生殖期的认识，在养细业上有参考价值。

书中对某些海产动物的内部器官也有叙述。如指出鱨鱼腹内有黄褐色质，也就是肝脏，有卵黄。以上都说明在16世纪时，我国人对海洋动物的观察和认识已达到较高的水平。

在淡水养殖业方面，明代淡水养殖业已相当发达，在《闽中海错疏》中也包含一些有关的资料。如记载肉食性的乌鱼时指出，在池塘

清溪渔隐图

放养鱼之前必须清除池塘中的乌鱼。

书中还介绍了福建地区饲养草鱼和鲢鱼的方法：农历二月从鱼苗养起，先到小池，到一尺左右再移到大池，用青草喂养，九月起水。

随着鱼的成长而更换鱼池，当年可从鱼苗养成商品鱼。在草、鲢混养时，鳢鱼必须清除的经验，在今天仍有其现实意义，也反映了明代池塘养鱼的进步。

《闽中海错疏》将性状相近的鱼类放在一起，例如，把真鲷、黄鲷、方头鱼、黑鲷、鲂、泽蛙、黑眶蟾蜍、中国雨蛙、棘胸蛙、黑斑蛙等连续排列等。以上分别相当于现代动物分类上的鱼类、两栖类。

■ 古代卖鱼场景蜡像

《闽中海错疏》又把大类中性状更接近的水生动物排列在一起。例如，在鱼类中，把尖头银鱼、白肌银鱼、短尾新银鱼排列在一起，现在知道它们属于银鱼科；在两栖类中，把石鳞、青鲫、沼蛙、水鸡等排列在一起，现在知道它们都属于蛙科。

《闽中海错疏》把海产动物分成不同的大类，在大类中再分小类，这种排列方法在一定程度上揭示了动物的自然类群，反映了它们之间的亲缘关系。由此可见这位16世纪的我国生物学家，已向自然分类方向迈出了一步。

这些不同的大类和小类，相当于现代生物学中的科属各阶元，其中包含着科和属甚至种的概念。而同时代的欧洲博物学家，对动物名的记述是按拉丁字母顺序排列的，或按药用的性质和用途来分类的。当时还看不到自然分类的端倪。显然，《闽中

医药学 是我国传统的学科之一，历史悠久，医药学在我国有着丰富内容和宝贵的临床经验，是我国人民同疾病作斗争的经验总结，也是中华民族灿烂文化的重要组成部分。它不仅对维护中国人民健康和民族繁衍做出了巨大贡献，而且了为世界各人的卫生事业做出了贡献。

海错疏》中采用的动物分类法，在当时是比较先进的。

在医药学、农学方面，在明以前，中国的动物学知识主要散见于医药学、农学著作中，还没有形成一门独立的、系统的科学。

在这样的历史条件下，屠本畯能写出一部含有自然分类概念的海产动物志或海产专著，在中国和世界上都是最早的，它在生物学史上具有重大意义。

在动物学方面，屠本畯为订正前人的错误而作的。例如，《闽中海错疏》中指出鲤鱼和黄鱼是两种不同的鱼类，将它们视为一种鱼类是错误的。又说青瘴鱼不是青鲫鱼。这些纠谬正误的工作，为研究我国海洋动物和开发海洋资源，提供了可贵的科学史料。

此外，《闽中海错疏》还记有软体动物的贝类，节肢动物的虾类，以及少数龟、鳖等，还有福建常见的外省海产燕窝、海粉等。应该指出的是，书中有些记载是前人不曾提到的。如"海胆"一名，过去曾被认为来自日本，其实日本是

《渔父图》

捕鱼为业

古代渔业

引自此书。

《种鱼经》又名《养鱼经》《鱼经》，作者是明代南京吴县人黄省曾。书成于1618年之前，是现存最早的淡水养鱼专著。

将此书收入的，有《居家必备》《明世学山》《百陵学山》《夷门广版》《小史集雅》《文房奇书》《广百川学海》《丛书集成》等。

《种鱼经》分为3篇，第一篇述鱼种，第二篇述养鱼方法，第三篇内容较少，主要记载海洋鱼类的性质及异名。重点内容在第一篇和第二篇。

在第一篇鱼种部分，记载了天然鱼苗的捕捞及养殖方法，青鱼、草鱼鱼秧的食性，鲢鱼鱼种养殖中要注意的事项。其中所见明代松江府海边的鲻鱼养殖，是我国鲻鱼养殖的最早记载。

在第二篇鱼方法部分，对于鱼池建造，主张二池并养。其好处有可以蓄水，可以去大存小，免除鱼类受病泛塘等。池水不宜太深，深则缺氧，水温低不利鱼类生长；但池塘正北要挖深，以利鱼受光避寒。

池塘环境要适应鱼类生

■《渔乐图》

养殖史话

古代畜牧与古代渔业

长的需要，指出池中建人造洲岛，有利鱼类洄游，促进鱼类的成长。环池周围种植芭蕉、树木、芙蓉等植物，也有好处。

对于鱼病防除，科学地指出鱼类聚集的不可过多，否则鱼会发病；池中流入碱水石灰也会使鱼得病泛塘。强调饵料投喂要定时、定点，要根据鱼类生长阶段及食性投喂。还指出不可捞水草喂鱼，以防夹带鱼敌入池。

《渔书》是一本记述水产动植物和渔具渔法的书，北京图书馆藏有明代残刻本第二卷至第十三卷。

第二卷至第十卷列记水产动植物，每卷一类，分别标神品、巨品、珍品、杂品、甲品、柔品、畜品、蔬品、海兽，内容杂引自古代文献。

第十一卷是讲渔具、镰类、杂具、渔舟渔筏等子目，从中可看出明代海洋捕鱼技术水平。第十二卷标附记载，卷十三标附记异。

《官井洋讨鱼秘诀》是一本记述福建官井洋捕大黄鱼经验的书，发现于福建宁德县。官井洋为海名。可能是老渔民口述经验，他人记录而成。

书中专讲官井洋内的暗礁位置以及鱼群早晚随着潮汐进退的动向。正文第一部分，讲述官井洋18个暗

■ 程璋的《双猫窥鱼图》

官井洋 位于福建省东北部宁德市境内，台湾海峡西岸，有出海口与海峡相连。官井洋海域东西长约11千米，南北宽约9千米。面积约100平方千米。水深多超过20米，最深处达77米，底质为泥沙、石，水温适宜、盐度略低于大洋。官井洋的大黄鱼久负盛名。

礁的位置、外形、体积和周围环境等。

第二部分讲述官井洋里找鱼群的方法，分别叙述在早、汐、中潮时分鱼群动向。最后一部分讲述捕鱼中应注意事项。内容极为详细，是一本很有实用价值的鱼书。

《然犀志》由清代李调元所著。他曾任广东学政，此书即是他任此职期间写的，成书于1779年。记述了广东沿海淡水鱼类、贝类、虾、蟹、海兽、龟、鳖等，共90余种。《丛书集成》收有该书。

《记海错》记述的是山东沿海水产动植物。作者是清代郝懿行，他考察山东沿海鱼类资源之后，写成于1807年，刊行于1879年。

由于作者是训诂学家，所以书中引用了许多古籍进行考证：本书收入作者的《郝氏遗书》中，另外在《农学丛书》中也可找到。

郝懿行 （1757年—1825年），字恂九，号兰皋，山东栖霞人。为清代著名学者，经学家、训诂学家。长于名物训诂及考据之学，于《尔雅》研究尤深。所著有《尔雅义疏》《山海经笺疏》《易说》《书说》《春秋说略》《竹书纪年校正》等书。

■ 近代渔笼

"海错"一词原指众多的海产品。该书记述了山东半岛常见经济鱼类、无脊椎动物以及海藻等49种，一一注明其体形特征，并考辨其异名别称。这部《记海错》是古代山东唯一一部专门辨识海洋生物的专著，具有很高的科学价值。

《海错百一录》作者是清代郭柏苍，是一本比较全面的福建水产生物区系志。写成于1886年，现存有成书当年的刻本。书分为5卷，卷一记渔，卷二记鱼；卷三记介、记壳石；卷四记虫、记盐、记海菜；卷五附记海鸟、海兽、海草。

记渔记述渔具渔法；记鱼主要记述福建沿海经济鱼类，也包括某些淡水种类；记介、记壳石主要记述蟹类，也包括琅瑞、盆等；记虫、记盐、记海菜主要记述福建海产贝类；记海鸟、海兽、海草主要记述海淡水虾类，也包括海参、沙蚕等无脊椎动物，还记述各种海藻。

本书中所录大抵皆是言之有据，能经得起考证的。当然，有些解释也有其时代的局限性。书中所述奇闻颇多，也颇有趣。如对"占风草"的记载，说此草可预报台风，在天气象预报的古代，亦不失为一则

■《渔家图》

李调元 是我国清代戏曲理论家，诗人。字美堂，号雨村，别暑童山蠢翁。绵州，也就是今四川绵阳人。1763年进士，由吏部文选司主事迁考功司员外郎，办事刚正，人称"铁员外"。历任翰林编修、广东学政。曾著《然犀志》，记述了广东的鱼类。

■近代渔篓

养殖史话

古代畜牧与古代渔业

具有科学价值的资料。

除了上述渔业专著外，宋代傅脆著有《蟹谱》，上篇辑录蟹的故事，下篇系自记，明代杨慎著有《异图赞》，收录鱼的资料。两书也有一定的参考价值。

阅读链接

蠡湖，原名五里湖，是太湖之内湖。蠡湖湖水澄碧如镜，一派明媚秀丽的江南水乡典型风光。蠡湖之名，是无锡人根据范蠡和西施的传说而改名的。

在2400多年前的春秋战国时期，越国大夫范蠡，助越灭吴后，功成身退，携西施曾在此逗留。无锡人便借这个传说，把五里湖改称为蠡湖。

相传，范蠡曾在蠡湖泛舟养鱼，他总结我国早期的养鲤经验，并结合自己的实践，在蠡湖畔渔庄撰写了我国渔业史上第一部人工养鱼的专著《养鱼经》。